Texte . Medien

Andreas Schlüter

Gesucht!

Texte • Medien

»Gesucht!« von Andreas Schlüter

© 2006 Arena Verlag GmbH, Würzburg

Herausgegeben von Ingrid Hintz

Materialteil erarbeitet von Birthe Lagemann

Das Texte • Medien –Programm zu »Gesucht!«:
978-3-507-47096-5 Textausgabe mit Materialien
978-3-507-47396-6 Lesetagebuch
978-3-507-47296-9 Informationen für Lehrerinnen und Lehrer
Informationen und Materialien im Internet: **www.westermann.de/textemedien**

westermann GRUPPE

© 2010 Bildungshaus Schulbuchverlage
Westermann Schroedel Diesterweg Schöningh Winklers GmbH, Braunschweig
www.westermann.de

Das Werk und seine Teile sind urheberrechtlich geschützt. Jede Nutzung in anderen als den gesetzlich zugelassenen bzw. vertraglich zugestandenen Fällen bedarf der vorherigen schriftlichen Einwilligung des Verlages.
Nähere Informationen zur vertraglich gestatteten Anzahl von Kopien finden Sie auf www.schulbuchkopie.de.
Für Verweise (Links) auf Internet-Adressen gilt folgender Haftungshinweis:
Trotz sorgfältiger inhaltlicher Kontrolle wird die Haftung für die Inhalte der externen Seiten ausgeschlossen. Für den Inhalt dieser externen Seiten sind ausschließlich deren Betreiber verantwortlich. Sollten Sie daher auf kostenpflichtige, illegale oder anstößige Inhalte treffen, so bedauern wir dies ausdrücklich und bitten Sie, uns umgehend per E-Mail davon in Kenntnis zu setzen, damit beim Nachdruck der Verweis gelöscht wird.

Druck A[4] / Jahr 2020
Alle Drucke der Serie A sind im Unterricht parallel verwendbar.

Redaktion: Barbara Holzwarth, München
Herstellung: Andreas Losse
Umschlaggestaltung und Layout: JanssenKahlert Design, Hannover
Umschlagfoto: © Alamy
Satz: Bock Mediengestaltung, Hannover
Druck und Bindung: Westermann Druck Zwickau GmbH

ISBN 978-3-507-**47096**-5

INHALT

Andreas Schlüter
Gesucht!

Fahrstuhl-Begegnungen	9
Andere Welt	12
Die Prinzessinnen	15
Vorsatz	17
Verschwunden	20
Idee	22
Suche	24
Unterwegs	30
Überfall	34
Verdacht	37
Panne	41
Beute	44
Grausamer Fund	46
Panik	49
Umkehr	50
Fahndung	53
Nacht	57
Aussagen	58
Erster Hinweis	61
Zeugen	64
Flucht	66
Schule	70
Medien	74
Entscheidung	78
Freunde	81
Feinde	83
Weg nach Hause	85
Hilfe	90

Nach Hause	94
Denkzettel	96
Konfrontation	97
Rettung	103
Opfer	107
Beobachtung	110
Bitte umsteigen	113
Jagd	115
Jäger und Gejagte	116
Kea ist da!	121
Lotterie	123
Zu Hause	127
Beobachtung	130
Matze	133
Verschleppt	137
Spuren	139
Hilflos	144
Notruf	147
Teuflischer Plan	150
Angst	153
In letzter Sekunde	155
Alles zu spät	158
Endlösung	160
Zivilcourage	162
Der Sturm nach der Ruhe	167

Materialien

Der Autor Andreas Schlüter
(*Steckbrief und Interview*) 172
Wegschaugesellschaft (*Karikatur*) 175
Manuela Pfohl: Tödliche Zivilcourage
(*Zeitungsbericht*) 176
Wer nichts tut, macht mit – Verhalten in
Gewaltsituationen (*Ratgeber der Polizei Hamburg*) 178
Miriam Schröder: „Bist du scheiße,
schlachte ich dich" (*Reportage*) 181
Anja Tuckermann: Weggemobbt
(*Romanausschnitt*) 186
Brigitte Blobel: Entschuldigungsbrief
(*Romanausschnitt*) 189

Text- und Bildquellen 192

Zu diesem Buch

Dieses Buch erzählt von Kea, die von den „Prinzessinnen", einer brutalen und skrupellosen Mädchenbande, gequält wird. Weil Keas Hautfarbe dunkel ist, nennen sie sie „Schoko-Klicker", misshandeln und erniedrigen sie. Als Kea es nicht mehr aushält, haut sie ab. Doch da ereignet sich in der Nachbarschaft ein Mord an einer alten Frau und die Prinzessinnen lenken den Verdacht gezielt auf Kea ...

Es gibt viele Jugendliche, die gern Bücher lesen. Das ist erfreulich, denn wer liest, nimmt teil an den Lebensgeschichten, Erlebnissen, Problemen, Gedanken und Gefühlen der Buchfiguren. Deshalb sagt man: Wer liest, lebt doppelt.

Die Bücher der Reihe **Texte.Medien** wollen zum Lesen motivieren – im Unterricht in der Schule, aber auch zu Hause in der Freizeit. Sie wollen die Freude am Lesen steigern und „Lust auf mehr Bücher" machen.

Zu jedem Buch gibt es ein **Lesetagebuch**, das dabei helfen soll, sich selbstständig – individuell und gemeinsam mit anderen, die ebenfalls dieses Buch lesen – mit dem Inhalt und den Personen auseinanderzusetzen.

Viel Freude beim Lesen des Buches!

Andreas Schlüter
Gesucht!

Fahrstuhl-Begegnungen

Kea starrte die Wand an. Sie dachte nichts, starrte immer nur gegen die Wand, die leer war wie ihr Gehirn. Die CD ging zu Ende. Kea hob den Kopf, schaute auf die rote Anzeige des Players. Fünfzig Minuten lag sie hier schon auf dem Teppich, so lang, wie die CD gespielt hatte, die Arme reglos neben den Körper gelegt. Wie eine Leiche, dachte Kea. Wie lange müsste sie hier wohl als Leichnam liegen, ehe es jemand bemerkt?, fragte sie sich. Bis zum Abendbrot vielleicht. Beim Abendbrot würde ihre Mutter sie vermissen. Vielleicht. Vielleicht kam ihre Mutter auch wieder später, wie so oft in letzter Zeit.

Fünfzig Minuten lang war nichts passiert. Niemand hatte angerufen, niemand eine SMS geschickt. Und sie würde auch bis zum späten Abend weder einen Anruf noch eine Kurzmitteilung erhalten. Auch am nächsten Tag nicht. Höchstens von ihrer Mutter, die ihr mitteilte, dass sie später kam. Ihr Handy hatte Kea ohnehin nur, damit ihre Mutter sie erreichen konnte. Völlig unnötig, denn Kea war immer zu Hause zu erreichen. Wo hätte sie auch hingehen sollen? Sie hatte keine Freunde. Manchmal machte Kea einen Spaziergang. Allein natürlich und ohne dass es ihr wirklich gefallen hätte. Aber hin und wieder verließ sie das Haus, damit ihre Mutter dachte, sie sei verabredet. Mutter ahnte nichts von Keas Einsamkeit. Als Kea das Thema einmal vage angedeutet hatte, war sie von Mutters Reaktion erschlagen worden. Berge von Adressen hatte Mutter herausgesucht: von Sportvereinen und Leseklubs, Bastelkursen und Musikschulen, Freizeitheimen und Jugenddiscos. Kea hatte die Liste entgegengenommen und am nächsten Tag bei den Nachbarn in die Mülltonne geworfen. Sie brauchte keine Ansammlungen von Jugendlichen. Davon hatte sie in der Schule genug. Es war nicht ihr Problem, dass sie nicht gewusst hätte, wo sich andere Schüler ihres Alters aufhielten. Es war ihr Problem, dass niemand mit ihr redete.

Sie machte den anderen keinen Vorwurf und hätte nicht einmal sagen können, dass sie gemieden wurde. Es war irgendwie ... sie kam mit den anderen nicht klar. Doch das beruhte auf Gegenseitigkeit. Wie im Fahrstuhl, dachte Kea oft. Menschen, die sich im Fahrstuhl begegnen, können nicht miteinander umgehen. Sie grüßen sich, tauschen zwei, drei Sätze aus, dann folgt peinliches Schweigen. Die Leute starren auf die Leuchtanzeigen des Fahrstuhls, auf den Notschaltknopf, kontrollieren ihr Aussehen in einem Spiegel oder begutachten ihre Schuhspitzen. Selbst Nachbarn, die schon jahrelang nebeneinander wohnen, verstummen im Fahrstuhl, um ihn – endlich am Ziel angekommen – nahezu fluchtartig zu verlassen.

Keas Begegnungen mit anderen Menschen waren grundsätzlich wie im Fahrstuhl verlaufen.

Bis heute. Heute war es noch schlimmer gekommen.

Nach der Schule hatte ein Mädchen unten vor der Haustür gestanden und ihr den Weg versperrt. Als noch drei Mädchen aus dem Müllcontainer-Raum herauskamen, war Kea klar geworden, dass die vier ihr aufgelauert hatten. Aber da war es schon zu spät gewesen, um noch abzuhauen.

„Hallo, Schoko-Klicker", hatte das erste Mädchen gesagt und dabei gehässig gegrinst. Für Kea war das nichts Neues. Viele Jugendliche aus dem Stadtteil hatten sie schon wegen ihrer dunklen Hautfarbe dämlich angequatscht. Verrückt, aber wahr: Die meisten, die sie wegen ihrer Hautfarbe belästigten, waren selbst Ausländer. Türken, Kurden, Griechen, Italiener, Russen, Kroaten lebten in diesem Stadtteil. Aber von einem friedlichen Miteinander in dieser bunten, internationalen Vielfalt konnte keine Rede sein. Die Griechen spuckten auf die Türken, die Türken hassten die Kurden, gemeinsam mieden sie die Russen, die wiederum die Rumänen und Kroaten für Abschaum hielten. Nur in einem waren sie sich alle einig: Mit „Negern" wollten sie nichts zu tun haben!

Bisher war es bei dummen Sprüchen geblieben. Heute, mit dem Erscheinen der vier Mädchen hatte sich das geändert. Die Erste hatte ihr ohne Vorwarnung ins Gesicht geschlagen, die Zweite ihr einen Tritt verpasst, die Dritte sie gepackt und die Vierte hatte ihr lachend eine Zigarettenkippe auf dem Oberarm ausgedrückt.

Kea hatte sich nicht zur Wehr gesetzt, sondern nur gefragt: „Warum macht ihr das?"

Die Antwort war schlimmer gewesen als der Schmerz, den die Mädchen ihr zugefügt hatten.

„Warum nicht?", hatte eines der Mädchen geantwortet.

Dann hatten sie von ihr abgelassen und waren lachend gegangen.

Kea war in ihre Wohnung im achten Stock gefahren, hatte die CD eingelegt, sich in ihrem Zimmer auf den Boden gelegt und fünfzig Minuten an die Wand gestarrt. Immer wieder ging ihr diese Antwort durch den Kopf: „Warum nicht?"

Wie viel Gleichgültigkeit in dieser Frage steckte! Morgens spucke ich gegen die Wand, mittags zertrete ich eine Ameise, abends verbrenne ich einer Negerin den Arm. *Warum nicht?*

Niemals zuvor war sich Kea so wertlos vorgekommen. Sie beschloss, ihr Leben zu ändern.

Andere Welt

Paula stützte den Kopf in die Hände und mochte es nicht glauben: Sie konnte ihre eigene Schrift nicht lesen. Wieder einmal hatte ihre Lehrerin, Frau Sievers, die Hausaufgabe in letzter Sekunde gestellt. Paula, wie die meisten anderen auch, hatte ihre Sachen schon eingepackt, als Frau Sievers eilig die drei Fragen diktierte, die sie bis zur nächsten Geografiestunde schriftlich beantworten sollten. Paula hatte Papier und Stift aus dem Rucksack gezerrt und die Fragen halb stehend hingekritzelt. Nun konnte sie das Gekritzel nicht mehr lesen. Sie versuchte, sich zu erinnern, wie die Aufgaben gelautet hatten. Erfolglos.

Sie überlegte, wen sie fragen könnte. Kea vielleicht. Paula wunderte sich, dass ihr Kea in den Sinn kam. Aber sie hatte mitbekommen, dass Kea, die vor ihr saß, die Aufgaben gewissenhaft notiert hatte. Aber ausgerechnet Kea anrufen?

Kea! Wann hatte sie zuletzt mit ihr gesprochen? Wann hatte überhaupt mal jemand mit Kea gesprochen?

Paula wusste es nicht. Dennoch war es nicht das erste Mal, dass sie über Kea nachdachte. Mehrfach war sie auf Kea zugegangen und hatte ein Gespräch angefangen. Aber sehr weit war sie damit nie gekommen. Meist war Kea nach wenigen Sätzen einfach abgehauen, manchmal hatte sie überhaupt nicht geantwortet. Doch dann wieder hatte Paula das Gefühl gehabt, Kea beobachtete sie, als ob sie darauf wartete, zu einem Gespräch eingeladen zu werden.

Auch im Unterricht sprach Kea selten. Sie meldete sich nie, doch wenn sie drankam, hatte sie die richtige Antwort meist parat. Allerdings musste man genau hinhören, denn Kea sprach leise, sie flüsterte fast, als ob sie Angst hatte, jemanden mit ihrer Stimme zu verletzen.

Weshalb machte sie sich überhaupt solche Gedanken um Kea? Sie konnte ebenso gut irgendjemand anderen aus der Klasse anrufen, um nach den Hausaufgaben zu fragen.

Myrte war um diese Zeit beim Reiten, fiel ihr ein. Keine Chance, sie zu erreichen. Und Merle? Bei ihrer Oma, wie jeden Dienstagnachmittag.

Fabian konnte ihr bestimmt nicht weiterhelfen, dafür vergaß er seine Hausaufgaben selbst viel zu oft. Malte hatte dienstags Fußballtraining und Lena ...

Lena war einen Versuch wert.

Paula wählte ihre Nummer und wurde mit dem Anrufbeantworter verbunden.

Prima!, dachte Paula. Offenbar war sie die Einzige aus der Klasse, die zu Hause saß und Hausaufgaben machte! Das kam gar nicht in die Tüte!

Sie klappte ihre Mappe zu und entschloss sich ins EZ zu gehen, das Einkaufszentrum des Stadtteils. Im EZ traf man immer jemanden, den man kannte.

Paula brauchte keine fünf Minuten zum Einkaufszentrum. Vor dem Haupteingang lungerten wie üblich einige heruntergekommene Typen in Jogginghosen und Muskelshirts herum, die sich die Köpfe mit Dosenbier und Flachmännern volldröhnten und dabei lauthals über „verwahrloste Ausländer" schimpften.

Paula stahl sich an ihnen vorbei, huschte durch die Duftwolke von geschmolzenem Käse, die aus einem Backwarenstand strömte, und setzte sich auf den Rand des Brunnens, in dem ein paar Goldfische sich langweilten.

Flachmann kleine, flache Flasche; ist in der Regel mit hochprozentigem alkoholischen Getränk gefüllt

Von hier aus sah man jeden, der durch den Haupteingang das Einkaufszentrum betrat oder verließ.

Es dauerte keine Minute, bis Paula den ersten Bekannten entdeckte. Schnell drehte sie sich um. Auf die doofe Claudia hatte sie keine Lust. Die wüsste zwar vermutlich, was sie an Hausaufgaben aufbekommen hatten, aber trotzdem wollte Paula nicht einen endlosen Wortschwall über sich ergehen lassen. Claudia war das genaue Gegenteil von Kea. Kea bekam den Mund nicht auf, Claudia nicht zu. Sie wackelte in Begleitung ihrer Mutter durchs Einkaufszentrum und quasselte in einer Tour. Dadurch übersah sie Paula zum Glück. Schnatternd zog Claudia an ihr vorbei. Das war gerade noch mal gut gegangen.

Paula atmete auf, sah sich weiter um. Vor dem Eisstand kloppten sich zwei Geschwister um eine Eiswaffel. Die Mutter verpasste jedem der beiden Kleinen eine schallende Ohrfeige als Strafe dafür, dass sie sich geschlagen hatten. Die Kleinen brüllten, die Mutter schrie, das Eis landete auf dem Boden, die Mutter schleifte die beiden weiter und ein Hund schleckte das Eis auf.

Zwei Wachleute begleiteten einen älteren Mann hinaus, der im Einkaufszentrum seine Obdachlosenzeitung verkaufen wollte.

Ein Mann pflaumte seine Ehefrau an, weil sie das Portemonnaie zu Hause vergessen hatte. Sie machte kehrt, um es zu holen. Er schlenderte zum Imbiss und bestellte sich ein Bier.

Alles nichts Besonderes. Paula dachte schon, sie würde hier wohl doch niemanden aus der Schule treffen, als ihr Blick Alarm schlug. Drüben vor dem Supermarkt standen vier Mädchen.

Die Prinzessinnen!

Erst vor Kurzem war diese eingeschworene Mädchengang aufgetaucht. Manchmal trugen die vier T-Shirts mit dem Namen ihrer Gang. Meistens waren sie allerdings leichter bekleidet. Sie trugen bauchfreie, knappe Tops mit engen Shorts oder Miniröcken, dazu Springerstiefel und breite Gürtel, Hals- und Armbänder aus Leder. Wie die Superladys aus Kinofilmen und Computerspielen.

Paula hatte noch nicht allzu viel von den vieren gehört, aber dieses Wenige genügte, um sie zu meiden.

Und plötzlich sah Paula noch jemanden, den sie kannte: Kea!

Sie ging direkt auf den Supermarkt zu.

Die Prinzessinnen

„Zigarette!"

„Hab keine!"

„Wieso nicht?"

„Weiß nicht!"

„Bekloppt? Wieso weißte das nicht?"

„Hab keine Kohle mehr!"

„Bescheuert? Wer braucht Kohle für Zigaretten?"

„Niemand!"

„Eben!"

Lady ließ von Clarissa ab und nahm sich eine Zigarette von Big.

„Feuer!"

Perle gab ihr Feuer.

„Gibste mir auch eine?"

„Besorg dir selbst welche!"

„Scheiße!"

„Gib ihr eine!"

Big zog eine Zigarette aus der Schachtel und reichte sie Clarissa. Mit dem eigenen Feuerzeug zündete sie sie an.

„Besorg dir welche!", sagte nun auch Lady.

Clarissa nickte.

Lady setzte sich auf den Reitelefanten für Kinder. Ein kleiner Junge mit einem 50-Cent-Stück in der Hand kam angelaufen, um auf dem Elefanten zu reiten.

„Verpiss dich!", schnauzte Lady den Jungen an.

Die Augen des Jungen füllten sich mit Tränen. Heulend rannte er in den Supermarkt hinein.

„Weichei!", kommentierte Big. Sie rotzte gegen die Schaufensterscheibe.

„Alte Sau!", fand Clarissa.

Perle zündete sich eine eigene Zigarette an und beobachtete, ob Big sich die Beschimpfung gefallen ließ.

Big reagierte nicht.

Als sich die vier Mädchen zu den „Prinzessinnen" zusammengefunden hatten, hatten sie sich – bis auf Clarissa – neue Namen gegeben.

Lady, weil sie die Chefin war und fand, wer eine Gruppe von Prinzessinnen anführte, müsse eine Lady sein.

Big hatte ihren Namen den anderen zu verdanken, weil sie Jungs grundsätzlich zuerst auf den Schritt guckte.

Perles Spitzname stammte von ihrem ersten gemeinsamen Raubüberfall. Sie hatte einer Oma die Perlenkette vom Hals gerissen, allerdings später festgestellt, dass sie billigsten Modeschmuck geklaut hatte. Obwohl ihr Name sie an den peinlichen Reinfall erinnerte, fand sie ihn okay. Perle passte zu einer Prinzessin.

Und Clarissa fand einfach, dass „Prinzessin Clarissa" sich geil anhörte, und hatte ihren Namen behalten. Wer sie „Clara" nannte, hatte mit einer Kopfnuss zu rechnen.

„Hier stinkt's!", sagte sie plötzlich.

Die anderen drehten die Köpfe und wussten, was Clarissa meinte.

„Schoko-Klicker im Anmarsch", grinste Perle.

„Ob die Zigaretten hat?", fragte sich Clarissa.

„Quatsch!", widersprach Big. „Aber ich habe 'ne andere Aufgabe für die Schlampe!"

Vorsatz

Das Leben zu ändern war ein guter Vorsatz. Wie aber machte man so etwas? Kea hatte keine Ahnung. Sie hatte ihr Leben noch nie geändert. Nicht so richtig jedenfalls. Sie hatte durch Umzug die Schule gewechselt. Aber in der neuen Schule hatten die alten Probleme sie schnell wieder eingeholt.

An eine Nachmittagstalkshow zu diesem Thema konnte sie sich auch nicht erinnern. Alles Mögliche hatten die Talkgäste verändert: ihre Lippen, ihre Busen, ihre Ärsche, ihre Partner, ihre Wohnung, manche sogar ihre Essgewohnheiten, aber ihr Leben? Von keinem der Talkgäste hatte Kea den Eindruck gewonnen, dass sich durch die einzelnen Veränderungen etwas Grundsätzliches in ihrem Leben gewandelt hätte. Vielleicht musste man alles gleichzeitig ändern: die Schule, den Wohnort, die Essgewohnheiten, die Kleidung ... Aber auch Po, Busen und Lippen?

Wie sollte sie das anstellen?

Nicht mehr ständig allein zu sein, wäre schon eine beachtliche Veränderung, dachte Kea. Gleichzeitig musste sie aber zugeben, dass sie gern allein war. Kam jemand anderes hinzu, gab es schnell Probleme.

„Hi, Schoko-Klicker!"

Kea erstarrte.

Gedankenverloren war sie auf den Supermarkt zugegangen und hatte die Gefahr nicht kommen sehen: die vier Mädchen!

Kea benötigte eine Schrecksekunde, um sich zu entscheiden: weglaufen!

Es war bereits zu spät. Eine der vier hatte sie schon wieder am Arm gepackt.

Kea schaute das Mädchen ängstlich an.

„Hast du Zigaretten?", fragte das Mädchen.

Kea schüttelte den Kopf. Sie hatte niemals Zigaretten. Rauchen fand sie total blöd.

„Haste was gesagt, Schoko-Klicker?"

Kea schüttelte abermals den Kopf.

„Ich hatte dich aber was gefragt!"

Ganz nah standen die vier Mädchen jetzt wieder um sie herum. Viel zu nah.

Kea schwitzte, was sofort eines der Mädchen bemerkte.

„Die Negerin schwitzt!"

„Neger schwitzen immer!", ergänzte eine Zweite. „Und stinken dabei!"

Sie stieß Kea gegen den Rücken, sodass sie dem vorderen Mädchen gegen die Brust prallte.

„Ey, die Alte geht mir an die Wäsche!", schimpfte sie. „Du hast mir voll auf mein Top gesabbert, du Sau!"

Kea schaute auf das Top. Auf dem Stoff war kein Fleckchen zu sehen.

„Ich glaube, wir müssen der kleinen Schlampe mal beibringen sauber zu bleiben!" Das Mädchen packte Kea fest an den Haaren. Kea quiekte auf vor Schmerz. Das Mädchen zerrte sie mit und stieß ihren Kopf gegen die Fensterscheibe.

„Sauber lecken!", befahl das Mädchen.

Kea sah einen grünlichen Klumpen Rotze, der an der Schaufensterscheibe klebte.

Das können die nicht ernst meinen!, dachte sie noch, als ihr Kopf das zweite Mal gegen die Schaufensterscheibe donnerte.

„Hörst du schwer?", fragte das Mädchen.

Warum half ihr niemand? Sie war im Einkaufszentrum. Hier gingen eine Menge Leute vorbei. Blieb niemand stehen? Sah sie niemand?

Ein drittes Mal schlug ihr Kopf gegen die Glasscheibe.

Das Mädchen hatte sie fest im Griff. „Leck, du Miststück!"

Kea kniff die Lippen zusammen.

„Zeig's ihr!", stachelte ein zweites Mädchen das erste an.

Das erste drückte Keas Gesicht gegen das Fensterglas. Kea zuckte zurück, wollte sich wehren, schaffte es nicht, weil nun auch noch das zweite Mädchen zugepackt hatte. Sie drückten ihr das Gesicht in die Rotze.

Kea schloss die Augen. Dann spürte sie einen harten Tritt von hinten. Die Beine rutschten ihr weg. Unter dem Gelächter der Mädchen knallte Kea auf den Boden.

Die Mädchen zogen ihr das Portemonnaie und das Handy aus den Hosentaschen und verschwanden.

Kea blieb liegen. Noch immer allein. Niemand beachtete sie. Sie begann zu weinen.

Verschwunden

Paula sah den Prinzessinnen nach. Ihr Herz schlug schnell. Was hatten die mit Kea angestellt? Die vier Mädchen hatten so dicht um Kea herumgestanden, dass Paula nicht genau hatte beobachten können, was vorgefallen war.

Jetzt lag Kea auf dem Boden.

Paula wollte zu ihr gehen, stoppte aber.

Du hättest ihr helfen sollen!, meldete sich plötzlich ihr Gewissen.

Ja, natürlich hätte sie das! So schlau war Paula auch. In der Theorie. Es war etwas anderes, es tatsächlich zu tun. Wie hatte Kea auch so unbedacht direkt auf die Mädchen zulaufen können? Hatte die denn noch nie etwas von den Prinzessinnen gehört?

Was hätte Paula tun können? Hinüberlaufen und den vieren zurufen, sie sollten Kea in Ruhe lassen? Das hätte Kea auch nicht geholfen. Im Gegenteil: Sie wäre ebenso in die Mangel genommen worden.

Es war leicht, Zivilcourage einzufordern, auf Plakaten und Farbprospekten der Polizei. Aber wie sollte man sich im Ernstfall behaupten? Paula wusste es nicht. Sie wusste nur: Sie war nicht lebensmüde und würde sich nicht mit den Prinzessinnen anlegen.

Wenn sie jetzt hinüberging zu Kea, würde die sofort ahnen, dass Paula alles beobachtet hatte. Vielleicht würde sie fragen, weshalb Paula nicht eingegriffen hatte. Paula hätte keine Antwort darauf gewusst, außer ehrlich zu gestehen, Angst gehabt zu haben.

Kea rappelte sich auf. Sie zog ein Taschentuch aus ihrer Hose und wischte sich das Gesicht ab. Anschließend putzte sie mit den Händen ihre Hose sauber.

Paula blieb noch immer stehen.

Kea betrat den Supermarkt.

Paula folgte einem inneren Impuls und lief Kea nach.

Paula achtete darauf, nicht zu schnell zu gehen. Sie wollte Kea zwar nicht aus den Augen verlieren, aber sie auch nicht zu früh einholen. Nicht, solange sie nicht wusste, was sie Kea sagen sollte. Eigentlich hatte sie Kea auf die Hausarbeit ansprechen wollen, aber nach dem Zwischenfall eben kam ihr das blöd vor. Sie konnte nicht einfach so tun, als ob nichts passiert wäre. Aber sie mochte auch nicht zugeben, dass sie alles gesehen und nicht eingegriffen hatte. Am liebsten wäre sie einfach heimgegangen. Doch irgendwie brachte sie auch das nicht zustande. Was ging Kea sie an? Paula wusste es nicht. Und doch fühlte sie deutlich den Impuls, nachzuschauen, wie Kea den Überfall verarbeitet hatte.

Vielleicht brauchte sie ja doch noch Hilfe? Paula wusste nicht, wie sie jetzt, nachdem alles vorbei war, noch hätte helfen können. Aber irgendetwas ließ ihr keine Ruhe.

Sie hatte Kea allerdings aus den Augen verloren. Das war nicht weiter verwunderlich in den engen Gängen des Supermarktes. Beim Brot und den Spirituosen war sie nicht. Paula ging einen Gang weiter: Nudeln, Soßen, Kartoffelpüree. Auch hier nicht. Nächster Gang: Konserven. Nichts von Kea. Der vierte Gang führte schon zur Kasse. Vielleicht wollte Kea sich nur eine Zeitschrift kaufen? Auch hier Fehlanzeige.

Paula stöhnte. Warum ging sie nicht nach Haus? Was hielt sie hier? Wider Willen lief sie weiter in den Supermarkt hinein. Hinten im Markt war die Fleisch- und Käsetheke.

Doch dort war Kea auch nicht!

Paula blieb stehen.

Na so was!, dachte sie bei sich. Die kann sich doch nicht in Luft aufgelöst haben!

Die Toilette!, fiel Paula ein. Sie lief hin, sah nach – Fehlanzeige. Paula lief zurück zum Eingang, schaute aus dem Supermarkt heraus ins Einkaufszentrum. Auch hier war nichts von Kea zu sehen. Das hätte Paula auch gewundert. Wenn Kea den Laden nach vorn heraus verlassen hätte, hätte sie sie sehen müssen. Also musste sie Kea in einem der Gänge übersehen haben. Zum zweiten Mal ging Paula alle Gänge ab, lief wieder nach hinten zur Fleisch- und Käsetheke – doch Kea blieb verschwunden.

Idee

„Zigarette!"

„Hab keine!"

„Wieso nicht?"

„Schon wieder alle! Die Niggerschlampe hatte ja keine. Und der kleine Spargel vorhin, von dem ich die Dinger gezogen habe, hatte nur noch drei in seiner Schachtel!"

„Da haste ja 'nen großen Fang gemacht!"

„Scheiße, weiß ich! Ich hab ihm ja auch 'ne Kopfnuss verpasst. Aber dadurch wurden es auch nicht mehr Kippen!"

„Und du?"

Big hatte mal wieder Zigaretten und warf Lady eine zu.

Clarissa musste sich Ladys verächtlichen Blick gefallen lassen.

„Feuer!"

Perle war mit Feuer zur Stelle.

Lady zündete sich die Zigarette an und setzte sich auf die Schaukel. Um diese Zeit traute sich kein Kind mehr auf den Spielplatz, er gehörte den Jugendlichen. Und dieser gehörte den Prinzessinnen. Wer sich ohne Erlaubnis hierher traute, bekam Ärger und für Jungs war er ohnehin verboten. „Jungs pissen alles voll", hatte Lady gesagt. „Da sind die wie Hunde!"

„Montage sind Scheiße!", fand Perle.

„Jeder Tag ist Scheiße!", widersprach Big.

„Samstage sind cool!", warf Clarissa ein. „Da läuft wenigstens Disco oder so. Der Rest ist öde!"

„Auf dem Kiez nicht!", sagte Lady.

Big, Clarissa und Perle sahen Lady an. Alle hatten denselben Gedanken. Um außerhalb des Stadtteils etwas zu erleben, brauchte man Geld. Und genau das hatten sie nicht.

Lady lächelte die drei überlegen an. Sie genoss die Spannung, mit der sie angesehen wurde.

Sie sprang von der Schaukel, lehnte sich gegen das Holzhäuschen und verkündete: „Es wird Zeit, dass wir mit dem Kinderkram aufhören und etwas Richtiges unternehmen!"

Big, Clarissa und Perle konnten nicht so recht folgen.

„Zigarette!", sagte Lady.

Sofort riss Big wieder ihre Schachtel aus der Hosentasche und reichte sie ihr. Lady nahm sie und feuerte sie in den Sand. „*Das* meine ich mit Kinderkram! Zigaretten klauen! Toll!"

Big sah Lady verblüfft an. Sie hob ihre Schachtel auf und putzte den Sand ab.

„Was haltet ihr davon, mal richtig Kohle zu machen?"

Was für eine Frage!

„Kommt her!" Lady sammelte die drei anderen Mädchen dicht um sich herum. „Ich hab mir was ausgedacht!"

Suche

Paula hätte Kea gern gefragt, wo sie gestern abgeblieben war.

Aber Paula konnte sie nicht fragen. Kea fehlte. Der Platz am Tisch vor ihr war leer. Die Lehrerin in der dritten Stunde trug Keas Fehlen im Klassenbuch ein. Die Lehrerin der ersten Stunde kontrollierte grundsätzlich nicht die Anwesenheit, da etliche Schüler erst im Laufe des Unterrichts oder gar erst zur zweiten Stunde eintrudelten. Der Lehrer der zweiten Stunde hatte Keas Fehlen nicht bemerkt.

„Hat jemand heute Kea schon mal gesehen?", fragte Frau Graumann. Niemand meldete sich. Frau Graumann schätzte ab, ob sich niemand für ihre Frage interessierte oder Kea tatsächlich nicht gesehen worden war. Sie entschied sich für das Letztere: „Dann ist sie wohl krank! Weiß jemand, was sie hat?"

Wieder meldete sich niemand. Frau Graumann beließ es dabei und widmete sich dem Unterricht. Nur wenige machten mit.

Paula glaubte nicht, dass Kea krank war. Schließlich hatte sie Kea noch gestern Nachmittag putzmunter im EZ gesehen. Vielleicht schwänzte sie einfach mal einen Tag? Alle taten das hin und wieder. Alle – außer Kea. Paula versuchte, sich zu erinnern, aber ihr fiel kein Tag ein, an dem Kea gefehlt hätte. Wenngleich sie es so genau nicht sagen konnte. Dafür hatte sie viel zu wenig auf Kea geachtet. Doch das Gefühl blieb: Keas Fehlen war ungewöhnlich.

Paula schüttelte ihre Gedanken ab und versuchte, sich zu konzentrieren. Nicht auf den Unterricht. Der war bei Frau Graumann viel zu langweilig. Paula hatte eine Mädchenzeitschrift unterm Tisch hervorgezogen und las die Aufklärungsseite mit den Leserfragen.

Myrte neben ihr las mit, tippte auf den dritten Leserbrief, kicherte und sagte: „Lies den mal!"

Paula folgte dem Tipp und musste ebenfalls auflachen über die Frage, die angeblich ein zwölfjähriger Junge dort gestellt hatte.

Frau Graumann wollte die vergnügliche Lektüre der beiden Mädchen gerade unterbrechen, als die Tür des Klassenraumes aufflog.

Der Schulleiter stand in der Tür und winkte Frau Graumann zu sich.

Alle Blicke folgten der Lehrerin, als sie mit der Bitte um Ruhe den Klassenraum verließ.

Nur wenige Minuten später kehrte Frau Graumann zurück. Ihr Gesicht war ernst. Nicht, dass Frau Graumann sonst eine Stimmungskanone gewesen wäre. Aber Paula sah ihr sofort an, dass etwas passiert war. Sie legte ihre Zeitschrift beiseite und widmete ihre Aufmerksamkeit der Lehrerin. Ebenso wie alle anderen. Jeder hatte die besondere Stimmung gespürt, die plötzlich entstanden war.

„Hört mal kurz zu!", begann Frau Graumann. „Ich hatte euch zwar vorhin schon einmal gefragt, trotzdem: Hat jemand etwas von Kea gehört?"

Kea?

Paula und Myrte sahen sich an.

Wieder meldete sich niemand.

„Kea ist seit gestern verschwunden", berichtete Frau Graumann. „Sie ist am Abend nicht nach Haus gekommen. Ihre Mutter hat die Polizei benachrichtigt. Heute Morgen ist sie auch nicht aufgetaucht. Wann habt ihr sie das letzte Mal gesehen?", fragte die Lehrerin.

Als Antwort erhielt sie ein allgemeines Gemurmel. Nach Schulschluss war Kea offenbar von niemandem mehr gesehen worden. Die meisten hätten sogar zugeben müssen, sie nicht einmal während der Schulzeit wahrgenommen zu haben. Sie hielten sich lieber zurück.

Paula stockte der Atem. Sie hatte Kea noch gesehen! Am Nachmittag im EZ. Sie hätte sich jetzt melden müssen. Aber offenbar war sie die Einzige! Noch einmal vergewisserte sie sich, ob nicht doch noch ein anderer ...

Nein, keine Meldung! Mist!, dachte Paula.

Zögerlich hob sie den Arm.

„Also hat sie niemand mehr nach der Schule gesehen?", fragte Frau Graumann noch einmal.

„Ich!", piepste Paula.

Frau Graumann kam auf sie zu und fragte nach. Paula erzählte von ihrer Begegnung am Nachmittag. Die Auseinandersetzung mit den Prinzessinnen und ihren Versuch, Kea zu folgen, verschwieg sie.

Frau Graumann fasste zusammen: „Nachmittags gegen fünf ist Kea also in den Supermarkt gegangen. Hast du sie danach noch gesehen?"

Paula schüttelte den Kopf.

„Sonst jemand?", rief die Lehrerin in den Raum.

Schweigen.

„Gut", sagte Frau Graumann. „Dann melde dich bitte beim Schulleiter", bat sie Paula. „Die Polizei wird einige Fragen an dich haben!"

Polizei?

Paula erschrak. Sie hatte noch nie etwas mit der Polizei zu tun gehabt! Aber es war ja nur logisch. Eine Mitschülerin war verschwunden. Paula hatte sie zuletzt gesehen. Also wurde sie befragt. Es war vollkommen normal. Trotzdem hatte Paula ein flaues Gefühl im Magen, als sie sich erhob und den Klassenraum verließ, um zum Schulleiter zu gehen.

Der Polizist, der sie begrüßte, war erheblich jünger, als Paula erwartet hatte. Sie gab ihm artig die Hand, setzte sich zögerlich auf den angebotenen Platz. Sie war nie zuvor im Büro des Direktors gewesen. Sie hätte es sich kleiner vorgestellt, dafür aber gemütlicher. Sie hatte ihre Mutter schon mal zum Sozialamt begleitet. Dort hatten die Büros ähnlich ausgesehen.

Auf dem runden Tisch vor ihr stand eine Tasse Kaffee für den Polizisten. Paula hätte auch gern etwas getrunken, aber niemand fragte sie danach. Der Stuhl, auf dem sie saß, hatte zwar eine dunkelblaue Polsterung, dennoch fühlte er sich unbequem an. Paula hatte ihre Arme auf den Lehnen abgelegt. Ihre Handflächen waren schwitzig.

„Du hast Kea gestern gesehen?", fragte der Polizist.

Paula nickte.

„Wann und wo?", fragte der Polizist weiter.

Paula erzählte, was sie schon ihrer Lehrerin erzählt hatte. Wieder ließ sie die Auseinandersetzung mit den Prinzessinnen weg.

„Sonst nichts?", bohrte der Polizist nach.

Paula schüttelte den Kopf.

Der Polizist rückte näher an sie heran.

„Möchtest du etwas trinken?", fragte der Polizist.

Paula nickte.

„Was denn?"

Paula zuckte mit den Schultern.

Der Polizist wandte sich an den Schulleiter, der ihn ansah, als hätte er mit dem Gespräch nichts zu tun.

„Was haben Sie?", fragte der Polizist.

Der Schulleiter begriff nicht.

„Wasser, Orangensaft, Cola, Kakao?"

„Tja, äh", stotterte der Direktor. „Ich weiß nicht. Wir haben auf dem Hof einen Getränkeautomaten!"

„Mann!", entfuhr es dem Polizisten. „Sie werden doch wohl etwas zu trinken in ihrem Büro haben!"

Sichtlich mit der Aufgabe überfordert, eilte der Direktor aus dem Büro ins Vorzimmer und gab das Problem an seine Sekretärin weiter.

„Kea ist verschwunden", wandte sich der Polizist an Paula. „Ich will es nicht hoffen, aber es besteht die Möglichkeit, dass ihr etwas zugestoßen ist. In solchen Fällen ist es wichtig, keine Zeit zu verlieren. Wenn du noch irgendetwas beobachtet hast, dann musst du mir das sagen."

„Vielleicht ist sie abgehauen!", sagte Paula.

Der Polizist hob die Augenbrauen.

Der Direktor kehrte aus dem Vorzimmer zurück.

„Abgehauen?", fragte er. „Wie kommst du denn darauf?" Er sah Paula in die Augen, als ob er sie gerade beim Mogeln erwischt hätte.

Auch der Polizist fragte nach. Er erzählte, dass Keas Mutter diese Möglichkeit ausschloss.

„Warum sollte sie auch abhauen? Das ist doch Unsinn!", meinte der Schulleiter.

Paula schwieg.

„Wie kommst du darauf?", fragte der Polizist.

Paula zuckte mit den Schultern. „Nur so!"

„Nur so?", brauste der Schulleiter auf. „Na hör mal!"

Paula zuckte zusammen. „Ich dachte nur, wegen der Prinzessinnen!"

Der Polizist sah den Direktor an. Der zog die Schultern hoch. Er wusste von nichts.

Paula erzählte, was sie beobachtet hatte.

Der Polizist verzog sorgenvoll die Stirn. „Schlimm!", fand er. „Aber dass jemand deshalb gleich Hals über Kopf abhaut, ist unwahrscheinlich!"

„Das denke ich auch!", mischte sich der Schulleiter ein.

Er hob abwehrend die Hände, als würde er auf der Anklagebank sitzen. „So etwas kommt in jeder Schule vor. Alltägliche Roheiten. Unschön, aber heutzutage wohl üblich."
„Ganz und gar nicht!", widersprach der Polizist.
Der Schulleiter stellte seinen Rücken gerade. „Wie bitte?"
„So etwas ...", der Polizist zeigte auf Paula, meinte aber ihren Bericht, „... kommt weder in jeder Schule vor, noch ist es üblich."
„Was wollen Sie damit andeuten?", ereiferte sich der Schulleiter. „Außerdem ist doch in unserer Schule gar nichts passiert. Der Vorfall ereignete sich im Einkaufszentrum!" Nervös schaute er Paula an. „Nicht wahr?" Er nickte Paula zu. „Es war doch im Einkaufszentrum. Hast du das nicht eben erzählt, dass es im Einkaufszentrum war?"
Paula nickte.
„Na also!" Der Schulleiter wirkte erleichtert.
„Das ist eines der Probleme", sagte der Polizist.
Der Schulleiter verstand wieder nicht.
„Viele Lehrkräfte denken, alles, was außerhalb der Schule im Stadtteil passiert, ginge sie nichts an!"
Der Schulleiter erhob sich. Der Polizist ebenfalls.
Paula hatte das Gefühl, die beiden Erwachsenen hatten sie vergessen. Sie wusste nicht, ob sie jetzt auch aufstehen oder noch sitzen bleiben sollte. Sie blieb sitzen, rutschte nur etwas unsicher auf ihrem Stuhl herum. Sie sah zur Tür, schaute aus dem Fenster, starrte auf den Tisch.
Die Sekretärin betrat den Raum und stellte ein Glas Leitungswasser für Paula auf den Tisch.
Paula wollte gerade danach greifen, als der Polizist sich an sie wandte: „Für heute ist es genug. Aber wir sollten uns noch mal unterhalten." Er drückte ihr eine Visitenkarte in

die Hand. Paula nahm sie entgegen und überlegte, wohin sie die stecken sollte.

Der Polizist reichte ihr die Hand zur Verabschiedung.

Der Schulleiter deutete mit einem Kopfnicken an, dass Paula jetzt aufzustehen hatte.

Paula erhob sich.

„Ich werde mich noch mal melden", sagte der Polizist und fragte den Schulleiter: „Sie haben doch ihre Adresse und Telefonnummer?"

„Sicher!", antwortete dieser. „Bei meiner Sekretärin." Er schob Paula zur Tür.

Paula verabschiedete sich stumm von ihrem Wasserglas, von dem sie gern ein Schlückchen genommen hätte.

Myrte war gekommen, um Paula abzuholen. „Wie war's?", fragte sie sofort.

„Ich hab Durst!", antwortete Paula.

Unterwegs

Kea verspürte Hunger. Sie fror. Und ihre Knochen schmerzten. Es war dunkel um sie herum. Stockfinster. Sie wusste nicht, wie spät es war. Leider hatte ihre Armbanduhr keine Beleuchtung. So blieb ungewiss, ob es noch Nacht war oder schon Tag. Sie hatte geschlafen, aber wie lange? Vielleicht nur eine halbe Stunde? Sie horchte in sich hinein. Nein, sie hatte länger geschlafen. Sie fühlte sich ausgeruht. Die Kisten um sie herum klapperten. Der Lastwagen fuhr. War er eben erst losgefahren und sie deshalb aufgewacht oder fuhr er schon länger?

Kea setzte sich auf, rieb ihre Augen, doch sie konnte trotzdem kaum etwas erkennen. Sie tastete sich zum nächsten Kistenstapel und griff sich eine Flasche. Mist, ein Kronkorken. Kea hatte auf einen Schraubverschluss gehofft, denn sie hatte keinen Flaschenöffner bei sich. Zu spontan hatte sie sich entschieden mitzufahren. Das war dumm gewesen, gestand sie sich ein. Aber wenn sie erst nach Hause gegangen wäre, um ausführliche Vorkehrungen zu treffen, wäre sie nie gefahren. Das wusste sie genau. So war die Entscheidung im Bruchteil einer Sekunde gefallen. Sie hatte im Supermarkt nur auf die Toilette gehen wollen, um sich nach der Attacke Gesicht und Hände zu waschen. Auf dem Weg dorthin hatte sie die offene Tür zum Lager des Supermarktes gesehen. Durch den langen Gang hindurch hatte Kea auf den Lastwagen spähen können, der am anderen Ende an der Rampe gestanden hatte und gerade beladen worden war. Kea wusste nicht, weshalb sie stehen geblieben war. Jedenfalls hatte sie plötzlich dieses Schild gesehen, aus dem hervorging, wofür der Lastwagen beladen wurde. Die Ware sollte zu einer Filiale in Andalusien gebracht werden. Andalusien!

Kea wusste nicht viel über diese Landschaft in Spanien, aber genug für ihre Entscheidung: Heiß war es dort, wilde Landschaften gab es und es war einsam! Heiß und einsam. Das war es, wonach Kea sich sehnte, seit sie denken konnte. Sie war in Deutschland geboren und aufgewachsen. Doch hier im Norden war es ihr immer zu kalt gewesen und in der Großstadt zu voll. Auch Keas Mutter lebte seit Ewigkeiten in Deutschland und fühlte sich hier wohl, hatte Fuß gefasst, eine Arbeitsstelle gefunden und sogar eine nette Kollegin, mit der sie ab und zu mal am Sonntag Kaffee trank. Selten besuchte sie einen deutsch-afrikanischen Kulturverein, wenn mal eine besondere Feier anstand. Keas Vater war irgendwann verschwunden, als sie noch klein war. Zurück nach Südafrika. Für ihn war es nie eine Frage gewesen, in sein Heimatland zurückzukehren, sobald dies irgendwie möglich war. Kaum war Nelson Mandela als Präsident von Südafrika gewählt worden, war ihr Vater zurückgekehrt. Mutter aber hatte zu lange in Deutschland gelebt, wie sie sagte. Sie wollte nicht alles aufgeben, um in Südafrika wieder von vorn anzufangen.

So war Kea nichts von ihrem Vater geblieben als ein paar Postkarten, die sie alle in einen dicken Ordner eingeklebt hatte. Auch in Südafrika gab es große, volle Städte, aber auf den Postkarten, die Vater schickte, waren meistens Landschaften zu sehen. Gewaltige Landschaften. Heiß und einsam.

Vielleicht war Andalusien auch so, stellte Kea sich vor. Sie machte sich keine Gedanken darüber, wo und wie sie dort leben sollte. Es war ohnehin nur für einen kurzen Zeitraum; eine Urlaubsreise sozusagen, zu der sie sonst nie gekommen wäre. Ihre Mutter hatte eine Menge Arbeit, aber wenig Geld. „Frauen müssen mehr leisten als Männer und bekommen dafür weniger bezahlt", hatte Mutter einmal gesagt. „Als schwarze Frau muss man mehr leisten als eine weiße Frau. Und eine alleinstehende schwarze Frau mit Kind muss besonders fleißig sein, um ihren Job zu behalten."

Kea hatte es eingesehen, aber ihre Mutter trotzdem immer vermisst, wenn sie morgens allein aufstehen und frühstücken musste, weil Mutter vor ihrer Arbeit als Verkäuferin in einem Billigkaufhaus noch putzen ging.

Im Einkaufszentrum hatte Kea einmal einige Jungs beobachtet, die sich darin geübt hatten, den Kronkorken einer Flasche mithilfe einer zweiten Flasche zu öffnen. Man setzte den Rand des einen Kronkorkens unter den Rand des anderen und nutzte die Hebelwirkung.

Kea ertastete sich eine zweite Flasche aus der Kiste, setzte die Flaschen aneinander und versuchte eine zu öffnen. Es misslang. Die Flasche rutschte ab. Kea unternahm einen zweiten Versuch und einen dritten. Beim vierten bekam sie eine Ahnung davon, wie die Ränder der Korken miteinander verkeilt werden mussten, beim fünften Mal wäre es beinahe gelungen; es hatte bereits ein wenig gezischt. Beim achten Versuch war die Flasche offen! Kea jubelte! Sie war stolz auf sich. Gierig trank sie. Kea stellte fest, dass es sich um eines dieser neumodischen Fitnessgetränke handelte: sauteuer, bunt und viel zu süß. Das Zeug schmeckte wie aufgelöste Gummibärchen. Aber es war ein Getränk und somit besser als nichts. Kea setzte die Flasche erneut an den Mund, um sie leer zu trinken.

Der Lastwagen schwenkte hart nach links. Kea fiel zur Seite, spuckte den Saft aus und verschluckte sich. Das klebrige Zeug aus der Flasche ergoss sich über ihr Shirt. Der Lastwagen schwenkte zur anderen Seite. Kea wurde über den Boden geschleudert wie in einem verrückten Karussell. Sie stieß sich den Kopf an den Kisten, fluchte, suchte Halt und klammerte sich schließlich an einen der Haltegurte, mit denen die Kistenstapel festgezurrt waren.

Der Wagen hatte aufgehört zu schlingern, rumpelte nun aber entsetzlich. Seit wann fuhren Lastwagen über holprige Feldwege? Zu gern hätte sie aus dem Fenster geschaut, um zu sehen, wo sie sich befand. Aber es gab keine Fenster. Sie saß auf der dunklen Ladefläche eines Lastwagens und konnte nichts weiter tun als abwarten, wohin sie der Truck bringen würde.

Überfall

„Bist du sicher, dass wir hier richtig sind?" Clarissa hatte Ladys Anweisung befolgt und sich das artigste Kleid angezogen, das sie besaß. Früher hatte sie es zu Großmutters Geburtstag getragen, aber das war schon einige Zeit her. Trotzdem passte es noch, obwohl es nun noch kürzer geworden war. Lady fand das eher von Vorteil. Clarissa wusste genau, was sie zu tun und zu sagen hatte. Lady hatte es ihr mehrfach eingebläut. Dennoch fühlte sie sich jetzt, da sie vor der Tür stand, unsicher und unwohl.

Lady verzog den Mundwinkel: „Was glaubst du, blöde Zicke? Dass ich hier Blech rede oder was?"

Clarissa zog den Kopf ein.

„Nun mach endlich, du dumme Kuh!"

Während Clarissa an der Wohnungstür klingelte, verzogen sich Lady, Perle und Big im Treppenhaus eine halbe Etage höher. Über das Treppengeländer hinweg behielt Lady die Szene im Auge. Die anderen beiden warteten hinter ihr.

Die Tür öffnete sich langsam und nur einen Spalt. Mehr ließ die Sicherheitskette nicht zu.

Clarissa warf Lady einen letzten Blick zu, dann setzte sie ihr Süßes-Mädchen-Lächeln auf, machte einen übertriebenen Knicks und begrüßte die alte Frau hinter der Tür laut und mit Namen.

Wie Lady ihr eingeschärft hatte, erzählte Clarissa von einem Schulprojekt zum Thema „Nachbarschaftshilfe".

„Wir suchen Haushalte, in denen alte oder hilfsbedürftige Menschen leben", säuselte Clarissa. Allein an dem Wort „hilfsbedürftig" hatte sie fünf Minuten üben müssen. Sie hatte es vorher noch nie gehört. Was war das überhaupt für ein Wort: *bedürftig*. Sie hatte es nicht begriffen und begriff es immer noch nicht. Und was sie nicht begriff, konnte sie sich auch nicht merken. Das war auch in der Schule ihr Hauptproblem. Sie wusste, dass Lady sie im Visier hatte, und freute sich, dass ihr das Wort so gut über die Lippen gegangen war. „Und wir wollten fragen, ob wir uns nützlich machen können!" Noch so ein dämliches Wort: *nützlich!* Wäre es nach Clarissa gegangen, hätte sie gesagt: „Wir suchen ein paar klapperige Alte, die nichts mehr gepeilt kriegen und denen wir helfen sollen."

Aber Lady hatte sie wieder nur fies angegrinst und ihr einen Zettel in die Hand gedrückt zum Auswendiglernen. Auswendig lernen! „Das ist ja wie in der Schule!", hatte Clarissa sich beschwert.

„Nein!", hatte Lady widersprochen. „In der Schule macht es nichts, wenn du deinen Text nicht lernst!"

Wie auf Stichwort hatten Perle und Big sie daraufhin gepackt, festgehalten, ihr die Hose heruntergezogen und mit Gewalt nach vorn gebeugt. Big hielt ihr den Zettel unter die Nase, den Clarissa nun zunächst vorlesen, dann aufsagen musste. Bei jedem Fehler schlug Lady ihr mit einem Weidenstock auf den nackten Arsch.

Clarissa hatte aufgeschrien, Perle und Big hatten gelacht und Lady hatte irgendwas von der „einzigen Schule, die wirklich was bringt", gefaselt, während sie immer wieder und immer härter zuschlug – bis Clarissa den Text fehlerfrei aufsagen konnte.

Noch jetzt, da sie vor der Tür stand und der Alten den Text aufsagte, spürte sie die Striemen auf ihrem Hintern.

„Vielleicht können wir für Sie einkaufen oder das Bad putzen?"

„Wir?", fragte die Frau misstrauisch. Sie steckte die Nase weiter vor durch den Türschlitz und versuchte zu erkennen, ob im Treppenhaus noch mehr standen.

Lady wich zurück. „Die ist einfach zu bescheuert, die alte Fo...!"

„Na ja, *wir* in der Schule, meinte ich!", rettete Clarissa die Situation. „Wir müssen darüber Protokoll führen."

Lady atmete durch.

Die Frau nickte, schloss die Tür.

Clarissa wartete.

Lady hielt den Atem an.

Die Tür öffnete sich wieder. Diesmal vollständig, ohne Kette.

„Endlich mal ein sinnvolles Schulprojekt!", lobte die Frau. „Komm herein!"

„Bingo!", flüsterte Lady.

Clarissa betrat den Flur der Wohnung.

Die Haustür schloss sich.

Doch Lady wusste, dass dies nur für einen Moment sein würde.

Gefolgt von Perle und Big schlich sie die Treppe hinunter.

Lady sah auf die Uhr. Sie hatte Clarissa zwei Minuten gegeben, um die Alte so abzulenken, dass sie die Tür von innen würde öffnen können.

Clarissa benötigte dreißig Sekunden länger.

„Wird auch Zeit!", flüsterte Lady ungeduldig, als die Tür sich endlich auftat. „Wo ist sie?"

„In der Küche, kocht mir einen Tee. Dritte Tür links. Zweite ist das Bad. Tür geradeaus Wohnzimmer, rechts davor Schlafzimmer, erste Tür rechts weiß ich nicht."

„Erst mal ins Bad!", entschied Lady.

Perle, Big und sie schlichen ins Badezimmer, Clarissa schloss die Haustür und begab sich zurück zur Küche. „Ein schönes Bad haben Sie!", rief sie laut.

Verdacht

Direkt nach Schulschluss zog es Paula ohne Umwege zum EZ. Es ging ihr nicht aus dem Kopf, was sie dem Polizisten gesagt hatte: „Vielleicht ist Kea abgehauen." Das würde erklären, weshalb Kea aus dem Supermarkt nicht mehr herausgekommen war. Paula wollte nachschauen, wo der Hinterausgang des Supermarktes war. Wenn Kea wirklich abgehauen war, musste sie es spontan entschieden haben. Denn sie hatte nichts bei sich gehabt. Nicht einmal eine Handtasche.

Vielleicht war Kea ja doch entführt worden? Der Entführer hatte sie aus dem Hinterausgang gezerrt und verschleppt. Aber mitten am Tage, ohne dass jemand etwas mitbekommen hatte? Und weshalb? Triebtäter überfielen ihre Opfer in Wäldern oder auf einsamen Wegen, vielleicht auch nachts in der U-Bahn oder in einer Unterführung. Aber an der Kühltruhe im Supermarkt? Ziemlich unwahrscheinlich.

Vielleicht war Kea aus Panik vor den Mädchen durch den Hinterausgang geflohen und dann aus welchen Gründen auch immer verschwunden?

Hatten die vier Mädchen nicht den Eingang verlassen, nachdem Kea den Supermarkt betreten hatte? Hatten die vier Kea vielleicht hinterm Supermarkt aufgelauert und sie sich dort vorgenommen? Aber wo war Kea dann abgeblieben? Die Prinzessinnen brachten doch niemanden um! Oder?

Vollkommen mit ihren Gedanken beschäftigt, übersah Paula beinahe, dass sie bereits am Supermarkt angekommen war. Einen Augenblick blieb sie stehen, überlegte, ob sie ihr Vorhaben nicht aufgeben und nach Hause gehen sollte. Sie entschied sich dagegen. Anders würde sie keine

Ruhe finden. Das spürte sie deutlich. Sie betrat den Supermarkt, durchschritt den ersten Gang, bog ab und entdeckte in einem der Seitengänge die Prinzessinnen! Unter lautem Gekicher durchforsteten sie das Regal mit den Sektflaschen. Eine von ihnen hielt eine Flasche in die Höhe und rief: „Mädels! Das hier ist echter Schampus! Gerade gut genug für uns, oder?"

Paula beobachtete, wie eines der Mädchen sich eine Flasche unter die Bluse stecken wollte. Ein anderes Mädchen hinderte sie daran. „Bescheuert, du dumme Kuh? Haben wir das nötig? Den Schampus können wir bezahlen, oder nicht?"

Sie wedelte mit einem Hundert-Euro-Schein.

Plötzlich hatte eine der Prinzessinnen Paula entdeckt. Sie unterbrach das Gekicher, schaute Paula in die Augen und rief zu ihr hinüber: „Was glotzt du so, du Schlampe? Passt dir was nicht?"

Paula schüttelte schnell den Kopf.

„Dann verpiss dich!" Der Aufforderung folgte eine obszöne Handbewegung.

Paula huschte schnell einen Gang weiter. Sie hörte, wie die vier Mädchen zur Kasse gingen.

Wo haben die so viel Geld her?, fragte sich Paula. Ob Kea Geld bei sich gehabt hatte? Vielleicht hatte sie ein Sparbuch geplündert, um abhauen zu können, und war den vieren in die Arme gelaufen?

Paula ging weiter bis ans Ende des Supermarktes, näherte sich der offenen Tür zum Lager, schaute hinein und sah einen Lastwagen, der gerade entladen wurde.

„Hast du was verloren?"

Paula zuckte zusammen.

Hinter ihr stand ein recht junger Typ im weißen Kittel mit einem Hubwagen, auf dem leere Getränkekisten gestapelt waren. „Darf ich hier mal durch?", fragte er.

Paula ging einen Schritt beiseite.

Der Typ zog den Wagen an ihr vorbei, blieb dann stehen und fragte erneut: „Suchst du was?"

Paula schüttelte den Kopf. „Wo kommt der her?", fragte sie und zeigte auf den Lastwagen.

Der Typ guckte sie verdutzt an. „Der Lastwagen?"

Paula nickte.

Der Typ zuckte mit den Schultern. „Was weiß ich. Die kommen von überall her. Der da ist, glaube ich, aus Kiel. Bringt uns Fisch, Krabben, Salate. Stinkt man noch den ganzen Abend nach. Scheiße ist das!"

Paula grinste.

„Das ist nicht zum Lachen!" Der Typ roch an seiner Handfläche, verzog die Nase. „Da ist gestern ein Karton umgekippt mit Schollen. Stinke ich jetzt noch nach. Total ätzend."

Er unterbrach sich, schaute Paula an. „Warum interessierst du dich für die Lastwagen?"

Paula ging nicht auf die Frage ein. „Kommen auch welche aus dem Ausland?"

„Logo!" Der Typ wunderte sich über die Frage. „Und fahren auch weiter. Manche liefern hier etwas an, werden wieder voll geladen und verteilen das weiter in Südeuropa. Manches von dem Fisch zum Beispiel bleibt nicht hier, sondern geht weiter. Genauso auch Marmelade und einige Fruchtsäfte und Sportdrinks."

„Wohin?"

„Was weiß ich: Belgien, Frankreich, Spanien!"

„Haben die dort keine Marmelade und keine Fruchtsäfte?"

Paula hatte die Frage ehrlich gemeint, aber der Typ musterte sie, als hätte sie ein paar Schrauben locker.

„Natürlich haben die das. Aber wir haben ja auch Wasser und Milch und importieren trotzdem Mineralwasser und Käse aus Frankreich. Was weiß ich!"

Paula sagte nichts mehr. Stumm schaute sie zu dem Lastwagen. Sie fand die Idee absurd, trotzdem war sie ihr in den Sinn gekommen: Was, wenn Kea einfach in einen der Lieferwagen eingestiegen und mitgefahren war?

„Was hast du?", fragte der Typ.

„Weißt du zufällig, was gestern Nachmittag hier für ein Lastwagen stand? Ich meine, wo der herkam und vor allem, wo er hingefahren ist? So gegen fünf Uhr?"

Der Typ öffnete den Mund.

Paula brachte ihn mit erhobener Hand zum Schweigen, bevor er etwas sagen konnte.

„Sag jetzt nicht wieder: *Was weiß ich!*", warnte sie.

Der Typ schloss den Mund wieder. Offenbar hatte er genau das sagen wollen.

Er überlegte ein wenig, sah Paula prüfend an, dann antwortete er: „Ich könnte nachsehen!"

Paula nickte.

„Nicht sofort. Komm morgen wieder, okay?"

Paula lächelte. „Danke. Du bist nett!"

„Findest du?", fragte er nach.

„Was weiß ich!", antwortete Paula.

Der Typ lächelte.

Paula ging.

Panne

Die Fahrt endete. Kea horchte, ob sie anhand von Geräuschen Schlussfolgerungen über ihren Aufenthaltsort treffen konnte. Es gelang ihr nicht. Motorengeräusche hörte sie, unverständliche Wortfetzen eines Gesprächs, vielleicht waren es auch nur Flüche. Sie konnte nicht unterscheiden, ob sie die Worte wegen des Straßenlärms nicht verstand oder weil sie in einer fremden Sprache gesprochen wurden.

Sie hatte noch immer Hunger. Soweit sie es mitbekommen hatte, gab es nur Getränke auf der Ladefläche, nichts Essbares. Allerdings war sie noch nicht dazu gekommen, alle Kisten zu untersuchen. Dafür war es auch zu dunkel.

Sie spürte, dass sie mal musste. Als sie sich auf die Ladefläche geschmuggelt hatte, hatte sie nicht damit gerechnet, eingesperrt zu werden. Autobahnraststätten waren ihr in den Sinn gekommen, nicht aber, dass die Fahrer keinen Anlass hatten, die Türen der Ladefläche zu öffnen. Von innen konnte man die Türen nicht öffnen, glaubte Kea. Sie krabbelte an die Türen heran und tastete sie mit den Handflächen ab. Ihre Befürchtung erwies sich als richtig. Wütend schlug sie gegen die Tür. Mist!

Sie wandte sich ab, überlegte, wo sie sich am besten erleichtern konnte, als sie plötzlich ein Geräusch hörte.

Jemand fummelte an der Tür herum. Im ersten Impuls wollte Kea zur Tür laufen, sich bemerkbar machen, um aus diesem Wagen herauszukommen. Dann hielt sie inne. Ihr wurde bewusst, in welcher Lage sie sich befand. Sie war kein willkommener Fahrgast, sondern ein blinder Passagier. Sie würde Ärger bekommen. Hitze stieg in ihr auf. Panik. Wohin sollte sie verschwinden? Plötzlich fiel ein Lichtstrahl in den Laderaum.

Die Tür hatte sich geöffnet.

Kea wich vor dem hellen Sonnenlicht zurück, das direkt in ihr Gesicht fiel. Schützend hielt sie sich die Hände vor die Augen. Sie hörte eine raue Stimme, die eine fremde Sprache sprach. Der Tonfall aber war international verständlich: Der Mann pöbelte sie an!

Kea ließ ihre Hand sinken, rührte sich nicht, starrte den Mann stumm an. Der sprang auf die Ladefläche, packte Keas Hand und zerrte sie vom Lastwagen herunter. Seinen Wortschwall unterbrach er nicht mal fürs Luftholen. Unentwegt schimpfte er auf Kea ein, drohte ihr mit erhobenem Zeigefinger und sagte schließlich ein spanisches Wort, das Kea sehr wohl verstand: „Policía!"

Kea wurde heiß und kalt! Polizei! Der Mann wollte die Polizei rufen! Sie würde verhaftet werden! Was würde ihre Mutter dazu sagen? Kea mochte es sich nicht ausmalen. Sie konnte nicht von der Polizei abgeführt und wie eine Verbrecherin zu ihrer Mutter gebracht werden. Niemals!

Kea entriss dem Mann ihre Hand und rannte los. Jetzt erst erkannte sie, dass sie sich an einer Tankstelle befand. Der Lastwagen parkte etwas abseits von den Zapfsäulen, hatte wohl eine Panne, denn die Motorhaube stand offen. Sie war gar nicht an der Autobahn, wie sie gedacht hatte. Die Schilder, die sie im Vorbeirennen wahrnahm, waren in deutscher Sprache beschriftet. Sie hatten also noch keine Grenze passiert. An der Tankstelle führte eine Landstraße vorbei. Kea sah sich um, der Mann folgte ihr nicht. Er pöbelte ihr nur mit erhobener Faust hinterher. Kea hörte auf zu rennen, verschnaufte, sah sich dennoch immer wieder nach dem Mann um, der sich offenbar wieder seinem Lastwagen widmete.

Kea wusste nicht, wo sie war und wo sie hinsollte. Sie wollte nur möglichst schnell von hier fort.

Sie ging ein Stückchen die Landstraße entlang. Einige Autos rasten vorbei, hin und wieder ein Lastwagen. Sie kamen ihr gefährlich nahe. Kea sprang rechts über einen kleinen Graben und stapfte durchs Feld. Fünf Minuten, zehn, vielleicht fünfzehn Minuten. Sie wusste es nicht.

Warum tust du das?, fragte sie sich. Warum gehst du nicht zurück nach Hause?

Kea wusste nicht, wer ihr diese Fragen stellte. Sie selbst? Ihr schlechtes Gewissen? Ihr Vater? Ihr Schutzengel? Sie blieb stehen. Zurück nach Hause. Was war ihr Zuhause? Die Sozialwohnung im achten Stock eines Hochhauses? Der Stadtteil, der in den Zeitungen selten beim Namen, aber immer *sozialer Brennpunkt* genannt wurde? Die Schule, in der sie allein saß im Unterricht, allein stand in der Pause, froh, wenn sie nur in Ruhe gelassen wurde und niemand gehässige Sprüche über sie machte? Der Nachhauseweg, auf dem wild gewordene Mädchen sich ihr in den Weg stellten, sie schubsten, anspuckten, ausraubten oder sich sonstige Gemeinheiten ausdachten, um sie zu erniedrigen? Der vergitterte Sportplatz zwischen Schule und Haus der Jugend, auf dem sich mitunter einige Jungs trafen, „Heil Hitler" brüllten und Ausländer mit Flaschen bewarfen, oder die manchmal auch türmen mussten, weil eine stärkere Gruppe junger Türken mit Steinen und Messern zurückschlug? Kea wusste nicht, was ihr Zuhause war. Sie wusste nur, es war nicht dort, wo sie wohnte. Auch wenn ihre Mutter dort bleiben wollte, was Kea nie verstanden hatte.

Ihre Mutter. Kea vermisste sie. Bestimmt machte sie sich Sorgen. Immerhin war Kea über Nacht fortgeblieben, ohne ihrer Mutter einen Hinweis zu geben, wo sie sich befand. Das hatte ihre Mutter nicht verdient. Kea hätte sie gern angerufen, aber leider hatten die vier Mädchen ihr vor dem Supermarkt das Handy gestohlen.

Beute

Clarissa spuckte eine Ladung Champagner quer über die Kinderschaukel. Sie hustete, wischte sich mit dem Arm den Schaum vom Mund.

„Scheiße, ey. Das Gesöff kann man überhaupt nicht aus der Flasche saufen!"

Big und Perle kicherten.

„Weil du zu dämlich bist!", wies Lady Clarissa zurecht. „Schon mal was von Kohlensäure gehört, Blöd-Kuh?"

Auch sie besaß kein Glas. Sie hielt die Flasche waagerecht, mit wenigen Zentimetern Abstand über ihren geöffneten Mund, ließ ein feines Rinnsal Champagner durch ihre Kehle laufen, setzte die Flasche ab, schloss den Mund und schluckte den Rest hinunter.

„*So* trinkt eine Prinzessin, du Schlampe!" Sie rülpste laut in Clarissas Richtung.

Big und Perle kicherten wieder.

Clarissa unternahm gleich einen Versuch, es Lady nachzumachen.

Big aber stieß Clarissa leicht gegen den Arm, sodass sie sich den Champagner übers Gesicht goss.

Clarissa sprang zurück und spuckte erneut.

Big und Perle hielten sich die Bäuche vor Lachen.

Lady grinste. „Einmal Schlampe, immer Schlampe!"

„Sehr witzig!", motzte Clarissa.

Lady winkte ab.

„Lass gut sein. Die Sache bei der Alten hast du gut gemacht."

Clarissa strahlte.

Sie hatte mit der Alten in der Küche gesessen, Tee getrunken, sich unterhalten und abgefragt, welche Hilfe die Frau sich wünschte.

Die drei anderen waren währenddessen ins Wohn- und Schlafzimmer gehuscht, hatten Schubladen und Schränke durchwühlt und waren fündig geworden. Viele alte Menschen schienen entweder den Banken nicht zu trauen oder es war ihnen zu kompliziert, dort alle naslang hinzulaufen. In der Schublade für Strümpfe und in einer Kiste zwischen den Fotoalben hatten die Mädchen insgesamt 400 Euro und ein Sparbuch gefunden.

Lady hatte nur einen Blick in das Sparbuch geworfen. 3000 Euro Guthaben waren darauf. „Die holen wir uns später", hatte Lady entschieden und das Buch wieder an seinen Platz zurückgelegt.

Perle kam auf diese Szene zu sprechen. „Willst du wirklich noch mal zur Alten? Die merkt doch, dass wir sie beklaut haben!"

„Quatsch!", widersprach Lady. „Wie soll sie das merken? Sie hat nur Clarissa gesehen. Und die hat die ganze Zeit neben ihr in der Küche gesessen. Wie soll die was geklaut haben? Sie wird denken, dass sie das Geld verlegt hat, und es verzweifelt suchen. Wenn Clarissa heute noch mal hingeht, wird die keinen Verdacht schöpfen!"

Clarissa verschluckte sich, diesmal nicht wegen der Kohlensäure.

„Heute?", krächzte sie. „Wir waren doch heute Morgen erst dort!"

„Eben!", nickte Lady. „Was hat sie erzählt, welche Hilfe braucht sie?"

Clarissa berichtete, dass der Frau das Wäschewaschen schwerfiel, weil die Waschmaschinen sich im Keller befanden. Es war beschwerlich, die Wäsche dorthin zu tragen. Außerdem mochte die Frau ihre Wäsche nicht aus den Augen lassen, weil sie Angst vor Dieben hatte.

Big grölte: „Angst vor Dieben. Geil, ey! Die Alte hat Angst, dass ihr jemand die alten Schlabberunterhosen klaut!"

Perle, Clarissa und Lady lachten mit.

Lady wurde als Erste wieder ernst. „Also machst du ihr heute Abend die Wäsche und erwähnst zum ersten Mal, dass die Schule Kohle für das Projekt braucht. Natürlich nur leihweise."

„Was?", wunderte sich Clarissa. „Wieso braucht die Schule Geld?"

Lady fasste sich an den Kopf. „Denk nicht drüber nach, Blöd-Kuh. Sag es ihr einfach!"

Clarissa zuckte mit den Schultern.

Big grinste.

Perle begriff, dass Lady einen großen Coup plante.

Grausamer Fund

„Die Schweine!", war der einzige Kommentar, den Paulas Vater abgab, als im Fernsehen von Keas Verschwinden berichtet wurde.

Paula sah ihren Vater an, wartete, ob noch etwas folgen würde. Doch er sagte nichts mehr.

„Wie meinst du das?", fragte sie schließlich.

„Was?", fragte Vater und trank einen Schluck von seinem Bier.

„Die Schweine!", wiederholte Paula. „Wen meinst du damit?"

„Kindesmörder!"

Paula war geschockt. Kindesmörder! Wie kam ihr Vater darauf? Den ganzen Tag über hatte Paula sich über Keas

Verschwinden Gedanken gemacht, aber auf den Gedanken, jemand könnte Kea umgebracht haben, war sie noch nicht gekommen. Nicht so schnell.

„Wieso ...", begann sie. Das Wort kam ihr kaum über die Lippen. „... Kindesmörder?"

„Weil sie die nicht lebend wiederfinden werden", antwortete ihr Vater trocken und nahm noch einen Schluck aus der Bierflasche. „Das ist doch immer so!"

„Vielleicht ist sie nur abgehauen!", wiederholte Paula ihre Vermutung vom Vormittag.

„Dann wäre sie schon wieder aufgetaucht!", behauptete ihr Vater. „Die ist jetzt ... seit wann?" Er überlegte, was sie in der Nachrichtensendung gesagt hatten.

Paula half ihm: „Siebenundzwanzig Stunden!"

Vater nahm seinen Faden wieder auf: „Genau. Wenn man ein vermisstes Kind nicht innerhalb der ersten vierundzwanzig Stunden wiederfindet, ist es meistens einem Verbrechen zum Opfer gefallen!"

Paula schluckte. „Woher weißt du das?"

„Das sagen sie doch immer wieder, wenn ein Kind verschwunden ist."

Paula rannte in ihr Zimmer, schlug die Tür hinter sich zu und weinte.

Sie hob ihr Gesicht, das sie in den Händen vergraben hatte, erst wieder, als ihr Zimmer von einem blauen, zuckenden Licht beleuchtet wurde.

Unten auf der Straße waren zwei Streifenwagen mit Blaulicht vorgefahren. Einige Anwohner standen auf dem Bürgersteig und beobachteten, was die Polizisten vorhatten.

Obwohl der Besuch von Polizei mit Blaulicht in diesem Stadtteil keine Seltenheit war, hegte Paula keine Zweifel: Die Polizisten suchten Kea. Aber wieso waren nur zwei Streifenwagen gekommen? Im Fernsehen sah man immer hunderte Polizisten einen Wald durchkämmen, wenn die eine vermisstes Kind suchten.

Sie rannte zurück ins Wohnzimmer, informierte ihre Eltern, sprang in ihre Turnschuhe und raste die Treppen hinunter, denn sie wollte nicht erst auf den Fahrstuhl warten. Unten erlebte sie eine ziemliche Überraschung.

Als sie sich erkundigte, wo die Polizisten mit der Suche nach Kea beginnen wollten, schaute sie einer der herumstehenden Nachbarn ausdruckslos an: „Wer ist Kea?"

Paula konnte es nicht fassen. Der Mann wohnte nur eine Haustür weiter. Gut, sie wusste seinen Namen nicht, aber sie hatte ihn schon häufiger in den Hauseingang gegenüber hineingehen sehen. Kea wohnte nur eine Straße weiter. Ihr Verschwinden war in allen Nachrichtensendungen gemeldet worden und der Nachbar hatte noch nie von ihr gehört? Weshalb stand er denn überhaupt hier unten an der Straße?

„Die Polizei sucht doch nach ihr!", betonte Paula.

Der Nachbar schüttelte den Kopf, nahm einen letzten Zug aus seiner Zigarettenkippe, die er nur mit den Spitzen dreier Finger festhielt, schleuderte die Kippe auf die Straße, spuckte neben seine Füße auf den Fußweg und sagte: „Quatsch!"

Er zeigte mit dem Kopf auf das Hochhaus, dessen Eingang nur eine Hausnummer neben dem von Paula lag. „Da liegt 'ne Tote in der Wohnung!"

„Was?", erschrak Paula. Ihr erster Gedanke galt Kea. War sie doch entführt worden und jetzt fand man ihre Leiche in einer der Nachbarwohnungen? Hatte ihr Vater doch recht gehabt? Sie betete, dass dem nicht so war.

„'ne alte Frau! Eigentlich noch ganz rüstig, heißt es. Der Hausmeister hat bei ihr geklingelt, weil sie Wäsche im Waschkeller vergessen hatte."

Der Nachbar legte eine dramaturgisch gekonnte Pause ein, zündete sich eine neue, selbst gedrehte Zigarette an, ehe er fortfuhr: „Na ja, und dann hat er sie gefunden!"

„Herzversagen?", fragte eine Frau, die sich der Gruppe der Herumstehenden näherte. „Gott, wenn man so allein ist, hilft einem ja auch keiner!"

Der Nachbar schüttelte den Kopf, inhalierte tief. „Schädel eingeschlagen!"

Die Frau hielt sich vor Entsetzen die Hand vor den Mund.

Paula wurde schlecht.

Panik

Clarissa hockte auf dem Stromkasten und heulte.

Big und Perle schwiegen.

Lady ging vor dem Stromkasten auf und ab und fluchte unentwegt. „Wie kann man nur so dämlich sein! Du bescheuerte Kuh! Verdammt, so was von beknackt! Ich fasse es nicht!"

„Es ...", stotterte Clarissa. „Scheiße, ich weiß es auch nicht. Ich kann doch nichts dafür!"

Lady verpasste ihr einen Schlag auf den Hinterkopf. „Du kannst nichts dafür, dass du so bescheuert bist? Bringst 'ne alte Schabracke um, die wir melken wollten! Hat sie dich angegriffen? Wirst du nicht mal mit 'ner alten Oma fertig? Musst du ihr gleich den Schädel einschlagen, du dämliche Gans?"

Clarissa schnäuzte in ein Taschentuch und legte das dritte Mal dar, wie es zu der Katastrophe gekommen war: Wie geplant hatte Clarissa die alte Frau noch mal besucht, wieder einen Tee mit ihr getrunken und ihr von dem angeblichen Schulprojekt erzählt, für das Geld benötigt wurde.

Die Frau war tatsächlich ins Schlafzimmer gegangen, hatte ihr Sparbuch herausgesucht und Clarissa damit vor dem Gesicht herumgewedelt. Anders als vermutet, war sie aber keineswegs auf Clarissas Bitte eingegangen, sondern hatte ihr auf den Kopf zugesagt, dass sie Geld vermisste, seit Clarissa am Morgen bei ihr gewesen war.

Clarissa hatte die Empörte gespielt. Die Frau hatte ihr aber weiter zugesetzt, war sogar handgreiflich geworden und hatte Clarissa an den Schultern gepackt, bis Clarissa sie fortgeschubst und nach ihr getreten hatte. Die Frau war gestolpert und mit dem Hinterkopf gegen die spitze Ecke des Küchenschranks gefallen. Blutend war sie auf den Fußboden gestürzt und hatte sich nicht mehr gerührt.

Panisch war Clarissa fortgelaufen.

„Und die ganze Wohnung voller Spuren von dir, du dumme Nuss!"

„Was sollte ich denn machen? Scheiße!", schrie Clarissa und heulte von Neuem los.

Lady verpasste ihr eine saftige Ohrfeige. „Heul nicht!", befahl sie. „Lasst uns lieber überlegen, wie wir aus dem Schlamassel herauskommen, in den du uns gebracht hast!"

Umkehr

So etwas gab es nicht! Ganz bestimmt nicht! Das konnte einem im brasilianischen Urwald passieren, vielleicht auch in einem der Nationalparks Südafrikas. In der Wüste. In der Steppe. In der Wildnis. Aber nicht hier! Man verlief sich nicht in einem deutschen Wald! Absolut unmöglich und ausgeschlossen.

Und doch war es so!

Kea ließ sich auf einem Baumstumpf nieder, stützte den Kopf in die Hände und musste es sich eingestehen: Von dem Feld war sie weiter geradeaus in den Wald gelaufen, die Landstraße immer im Blick. Dann war das Unterholz plötzlich so dicht geworden, dass sie hatte ausweichen müssen. Sie hatte in einem Busch etwas rascheln gehört, etwas Schwarzes gesehen – ein Wildschwein –, war panisch davongelaufen, hatte dabei die Straße aus den Augen verloren und sie seitdem nicht wiedergefunden. Wohin sie auch blickte: Nichts als Wald!

Allmählich dämmerte es. Im Wald war es schon recht finster. Kea konnte kaum noch etwas erkennen. Sie hatte Hunger und Durst und vor allem stieg Panik in ihr auf. Was, wenn sie hier nicht mehr herausfand?

Wieder ein Geräusch!

Verflucht, was war das?

Kea horchte.

Das Geräusch kam von hinten.

Sehr nah, so schien es ihr.

Es raschelte. Einige Äste knackten.

Ruhig bleiben, befahl Kea sich selbst. Durch die erste Panikattacke, als sie glaubte, einem Wildschwein begegnet zu sein, hatte sie sich verlaufen. Diesmal wollte sie besonnener reagieren.

Grunzte da nicht etwas?

Wildschweine konnten gefährlich werden, wusste Kea. Besonders wenn sie Junge hatten. War jetzt die Jahreszeit, in der Wildschweine Junge hatten?

Sie wusste es nicht.

Wenn es kein Wildschwein war, was konnte es sonst sein? Waren Rehe nicht viel zu scheu, um so dicht an Menschen heranzukommen? Andere Tiere fielen ihr nicht ein.

Zumindest keine, die groß genug waren, dass man sie so deutlich hörte.

Langsam drehte Kea sich um – und erstarrte.

Aus dem Strauch, keine drei Meter entfernt, blitzten sie zwei Augen an.

Kea hielt die Luft an, rührte sich nicht.

Das Tier steckte den Kopf aus dem Strauch, nahm Witterung auf. Entweder hatte es Kea nicht gerochen oder es war erheblich mutiger als sie. Denn Kea wäre am liebsten fortgelaufen. Das Tier aber schritt aus dem Strauch heraus, direkt auf sie zu. Keine zwei Meter war es noch entfernt.

Kea erkannte den gestreiften Schädel, Kehle und Bauch waren dunkelbraun, die Beine schwarz, soweit sie es in dem schwachen Licht der Dämmerung erkennen konnte. Der Rücken jedenfalls war deutlich heller, grau.

Wenn es sich nicht bewegte, konnte man es kaum vom Waldboden unterscheiden.

Kea erinnerte sich an zahlreiche Tieralben, in die sie Sammelbilder geklebt hatte. Sie wusste, was sie vor sich hatte: einen ausgewachsenen Dachs.

Leider wusste sie nicht mehr, was unter dem Sammelbild an Erläuterungen gestanden hatte. Waren Dachse angriffslustig, gefährlich, schnell?

Würde sie es schaffen, fortzulaufen, oder würde das Tier nachsetzen?

Kea entschloss sich, etwas zu tun, was sie bei Menschen nie tat: Sie sprach das Tier einfach an.

„Na, du kleiner Frechdachs!", flüsterte sie.

Der Dachs hob den Kopf, wandte sich um, huschte ins Gebüsch zurück und verschwand.

Kea ließ resigniert den Kopf in die Hände fallen. Einerseits atmete sie auf, weil das Tier sie nicht angegriffen hatte, andererseits liefen offenbar selbst die Tiere fort, wenn sie mit ihnen sprach. Genau wie die Menschen. Warum wollte sie eigentlich so sehnlichst zurück nach Hause?

Natürlich, ihre Mutter würde sie herzlich empfangen, froh, dass ihr nichts zugestoßen war. Aber dann würde der Alltag von vorn beginnen: keine Freunde in der Schule, Lehrer ohne Verständnis, die vier Mädchen, die ihr immer wieder auflauerten, um sie zu quälen oder zu bestehlen. Ihr Vater unerreichbar weit fort. Aber wohin sollte sie sonst? Allein nach Andalusien, wo sie sich schon in einem deutschen Wald verlief und die Landstraße nicht mehr wiederfand? Was für eine dumme Idee! Wo sollte sie wohnen? Wovon leben? Wem sich anvertrauen? Sie sprach nicht einmal die Sprache. Es half alles nichts, sie musste zurück. Wenn sie nur gewusst hätte, wie …

Fahndung

An einen normalen Unterricht war in Paulas Klasse gar nicht zu denken. Niemals hatte sich jemand um Kea gekümmert. Jetzt aber stand sie im Mittelpunkt.

Trotzdem versuchte Herr Schmidt, der Mathelehrer, zum Alltag zurückzukehren. „Die Polizei hat eine Sonderkommission gebildet, gestern Abend alle umliegenden Gebiete abgesucht und ist dabei, die Hinweise auszuwerten. Wir können im Moment nichts weiter tun", sagte er und schrieb Matheaufgaben an die Tafel.

Paula wusste nicht, wer in einer solchen Situation Matheaufgaben lösen konnte. Soweit sie sah, versuchte es auch niemand. Herr Schmidt wählte einen aus, der die Aufgabe an der Tafel lösen sollte. Dennis war das Opfer.

„Ich verschwinde!", flüsterte Paula ihrer Nachbarin Myrte zu.

Sie meldete dem Lehrer einen Gang zur Toilette, setzte sich in Wirklichkeit aber auf dem Pausenhof in eine stille Ecke.

Fünf Minuten später folgte Myrte.

„Ich verstehe nicht, wie der Sack einfach normalen Unterricht machen kann!", schimpfte Paula, als Myrte sich neben sie setzte.

„Der Elternrat will Flugblätter drucken lassen!", erzählte Myrte. Myrtes Mutter war Mitglied im Elternrat.

„Was?" Paula horchte auf.

„Ja, so eine Suchmeldung, die man überall hinklebt. Wie man das auch macht, wenn man seine Katze vermisst!"

„Seine Katze?"

„Ich meine ja bloß", verteidigte sich Myrte.

„Das sagst du erst jetzt?", brauste Paula auf. Den ganzen Morgen sprachen sie über nichts anderes als das Verschwinden von Kea, und Myrte rückte erst jetzt mit der Neuigkeit heraus. Doch bevor sie Myrte Vorwürfe machen konnte, fiel ihr ein, dass Myrte heute Morgen zu spät gekommen war. Sie hatte an den Diskussionen vor dem Unterricht gar nicht teilgenommen. Paula verbiss sich weitere Vorhaltungen und fragte stattdessen: „Wann sind die fertig?"

„Es fehlt noch ein Foto von Kea!", antwortete Myrte. „Niemand hat eines. Nicht einmal auf dem Klassenfoto ist sie drauf. Meine Mutter geht heute Abend zu Keas Mutter!"

„Oh Scheiße!", kommentierte Paula. Sie konnte sich vorstellen, dass das kein leichter Gang war. Sie dachte daran, in welcher Verfassung sich ihre eigene Mutter befinden würde, wenn ihre Tochter verschwunden wäre.

„Ich verteile ganz viele!", versprach Myrte.

Paula nickte. Auch sie wollte sich tatkräftig beteiligen.
„Wenn das etwas nützt", raunte sie.

Myrte horchte auf.

Paula berichtete von ihrem Verdacht, dass Kea abgehauen sein könnte, und von ihrer Beobachtung im EZ.

„Abgehauen!", wiederholte Myrte mit einer Mischung aus Verwunderung und Hochachtung. Sie würde sich nicht trauen allein abzuhauen. Dafür fühlte sie sich zu jung. „Obwohl: Den ganzen Scheiß hier hinter sich lassen und irgendwo in den Süden zu düsen, das hätte schon was. Vielleicht, wenn ich älter bin ...", dachte sie laut.

„Wie kommst du auf Süden?", fragte Paula.

Myrte zuckte mit den Schultern. „Wohin denn sonst? Wer flieht denn schon in den Norden? Dänemark ist doch voll öde und Schweden hängt voller Mücken."

„Und was ist mit Norwegen und Finnland?", hakte Paula nach.

„Das gibt es auch noch da oben?", staunte Myrte. „Ich dachte, nach Schweden kommen schon die Pinguine!"

„Die sind im Süden!", lachte Paula.

„Echt?", fragte Myrte. Süden, das war für sie Spanien, Griechenland und Afrika. Sie hätte nicht geglaubt, dass es dort Pinguine gab.

Paula schüttelte den Kopf, klopfte mit dem Fingerknöchel gegen Myrtes Stirn, als ob sich dort eine Tür öffnen würde. „Südpol, Alte! Schon mal was davon gehört? Ewiges Eis, arschkalt und Pinguine!"

„Was du alles weißt!", stellte Myrte anerkennend fest.

In diesem Moment läutete es zur Pause. Myrte stand auf, um sich aus ihrer Tasche im Klassenraum das Pausenbrot zu holen.

Paula dachte an die bevorstehende Flugblattaktion, an die Radio- und Fernsehnachrichten, in denen von Keas

Verschwinden berichtet worden war. Die Polizei hatte mit mehreren Hundertschaften die Gegend durchsucht. *Verrückt,* dachte sie. Wenn Kea gewusst hätte, wie sehr sich plötzlich alle um sie kümmern, vielleicht wäre sie dann nie abgehauen.

Paula stockte in ihren Gedanken.

Vielleicht war genau das der Grund, weshalb sie abgehauen war! Vielleicht war sie ja auch gar nicht abgehauen, sondern hatte sich nur versteckt. Damit sie endlich einmal wahrgenommen wurde! Möglicherweise hockte sie gerade irgendwo gemütlich in einem Gartenhaus und sah sich zufrieden die Meldungen an, in denen sie im Mittelpunkt stand. *Das wäre ja ein Ding,* dachte Paula und ging ebenfalls zurück in den Klassenraum.

Inzwischen hatte Myrte auch den anderen von der Flugblattaktion erzählt. Die Reaktionen waren unterschiedlich. Manche wollten sich ebenso wie Myrte und Paula beteiligen. Andere hielten eine solche Aktion für aussichtslos.

Hohlkopf Dennis war der Schlimmste: „Die haben sie längst abgemurkst!", sagte er.

Paula sah ihn giftig an.

Kevin sprang Dennis bei. „Klar, glaube ich auch. Wieder so 'n Perverser. ‚Die müsste man alle kastrieren', hat mein Alter gesagt. Finde ich richtig!"

„Hast du sie nicht mehr alle?", fuhr Paula ihn an.

„Wieso?", wunderte sich Kevin. „Findste Perverse gut?"

„Quatsch!", gab Paula genervt zurück. „Ist aber trotzdem kein Grund für solche Sprüche. Kastrieren! Ich fasse es nicht! Du sprichst hier nicht von Ochsen, sondern von Menschen!"

Kevin sah keinen Unterschied.

„Beim Kastrieren wärst du sicher gern dabei, du Arsch.

---

kastrieren
ausschalten
oder entfernen
der Keimdrüsen
(Hoden oder
Eierstöcke) bei
Menschen und
Tieren

Aber beim Flugblattverteilen drückst du dich! Sag doch, dass du faul und feige bist, und such keine Ausflüchte!"

„Na gut!", gab Kevin klein bei. „Ein paar verteile ich auch. Obwohl es keinen Sinn hat!"

Das glaubte Paula auch, aber sie band es Kevin nicht auf die Nase. Denn je länger Paula darüber nachdachte, desto mehr war sie überzeugt, dass Kea abgehauen war.

Nacht

Es war fürchterlich, sich allein in einem Wald verlaufen zu haben. Noch fürchterlicher aber war es, in einem solchen Wald auch noch übernachten zu müssen. Kea hatte es versucht. Sie hatte ja keine andere Wahl gehabt. Hatte sie überhaupt mal die Augen zugemacht?

Nachts im Wald war die Hölle los: Holz knackte, es raschelte, piepste, gurrte, zischte und grunzte überall.

Ihr Magen knurrte. Sie war schmutzig. Irgendwann hatte sie eingesehen, dass ihr nichts übrig blieb, als mitten im Wald zu schlafen. Sie hatte sich ein halbwegs geschütztes Plätzchen ausgesucht und sich mit Blättern zugedeckt.

Keine fünf Minuten hatte sie so dagelegen, bis ihre Arme, Beine, ihr Nacken und ihre Nase zu kribbeln begannen. Sie war den Gedanken nicht losgeworden, wie viele Käfer, Würmer, Ameisen und sonstige Krabbeltiere in den Blättern herumkrochen. Schließlich war sie aufgesprungen, hatte sich alles Laub vom Körper geschlagen, mehrfach mit den Füßen kräftig aufgestampft, um auch das letzte Krabbeltier aus den Hosenbeinen zu klopfen.

Sie war weitergelaufen in der Hoffnung, etwas Geeignetes zu finden. Doch schon bald hatte sie die Hand vor den Augen nicht mehr sehen können, die Suche aufgegeben, sich einfach auf den breiten Stamm eines mächtigen, umgestürzten Baumes gelegt und versucht zu schlafen.

Jetzt taten ihr alle Knochen weh. Immerhin war sie auf ein kleines Bächlein gestoßen, sodass sie wenigstens etwas trinken konnte. Zumindest ein kleiner Schutzengel schien sie doch zu begleiten. Leider war sein Orientierungssinn auch nicht besser als ihrer.

„Scheiße!", fluchte Kea, richtete sich auf, horchte.

Stille.

Langsam schaute sie sich um. Zwischen den dichten Tannen sah sie plötzlich etwas, das ihr neue Hoffnung gab.

Zwei, drei Schritte vorwärts, drei, vier zur Seite, um besser sehen zu können. Sie schaute auf einen Hochstand! Endlich ein Platz, wo sie vor unerwünschtem Besuch einigermaßen sicher war und vielleicht sogar ein bisschen schlafen konnte.

Aussagen

Als Paula nach Hause kam, stand der Kommissar unten vor der Haustür und begrüßte sie freundlich. Paula hielt es für einen Zufall.

Zu ihrem Erstaunen war der Kommissar nur wegen ihr gekommen. Seit einiger Zeit schon stand er hier und wartete auf sie.

„Weshalb sind Sie nicht in die Schule gekommen?", fragte sie.

Der Kommissar lächelte sie an. „Ich wollte wissen, wo und wie du wohnst!"

So sehenswert war es nicht gerade, wie sie wohnte, fand Paula. Sie hatte den Namen des Kommissars vergessen und ärgerte sich darüber. Die Visitenkarte steckte in ihrer Tasche. Sie traute sich nicht vor den Augen des Kommissars danach zu sehen. So vermied sie es einfach, seinen Namen nennen zu müssen.

„Hättest du Lust, mir zu zeigen, wo du Kea das letzte Mal gesehen hast?", fragte er.

Paula sah sich nach allen Seiten um. Sie wusste auch nicht, weshalb. Vielleicht war es ein Instinkt. Man mochte nicht gern in Begleitung eines Polizisten gesehen werden. Wusste man doch nie, ob jemand Zeuge war oder Verdächtiger. Als die Luft rein schien, nickte sie und ging voran zum EZ.

<small>Instinkt
hier: sicheres Gefühl für etwas</small>

Nur zwei Häuser weiter hatten sich die Prinzessinnen postiert und beobachteten den Eingang.

„Wann kommt der denn, ey?" Perle hatte keine Lust mehr, herumzustehen.

„Irgendwann wird er schon kommen", antwortete Lady.

„Scheiß ätzend, das Warten!", maulte Big.

„Bedankt euch bei der Dumm-Kuh!" Lady zeigte auf Clarissa, die sofort den Kopf einzog.

Doch zum Glück tat sich jetzt etwas. „Da ist er!", rief Perle.

„Na also!" Lady war zufrieden.

„Meinst du, er macht es?", zweifelte Big.

Lady grinste sie an. „Hängt von euch ab, Mädels!"

Perle und Big rieben sich die Hände. „Daran soll es nicht liegen!"

Die vier überquerten die Straße.

Der Junge bemerkte die vier Mädchen nicht. Unbekümmert näherte er sich dem Haus, wo er im zweiten Stock wohnte – eine Etage unter der alten Frau, die der Hausmeister tot aufgefunden hatte. Der Junge war schmächtig, keine elf Jahre alt und trug einige Comics aus der nahe gelegenen Stadtteilbücherei unter dem Arm.

Zwei Mädchen versperrten ihm den Weg.

Ohne zu zögern, machte Luca einen Bogen um die Mädchen.

Die Mädchen gingen zwei Schritte zur Seite und standen wieder vor ihm.

Jetzt begriff Luca, dass die Mädchen ihm nicht zufällig im Weg standen. Ängstlich umfasste er seine Comics und schaute sich nach Hilfe um.

Er sah zwei weitere Mädchen hinter sich, die dicht an ihn heranrückten.

„Hi!", grüßte Lady. Sie klang freundlich.

Luca hörte die Drohung trotzdem deutlich heraus.

„Heute schon Besuch von den Bullen gehabt?"

Luca schüttelte den Kopf.

„Wirst du noch bekommen, schätze ich", sagte Lady.

Mit der Spitze eines Butterfly-Messers reinigte sich Perle die Fingernägel, als ob sie mit dem Gespräch nicht das Geringste zu tun hatte.

Luca schielte ihr auf die Hände. Er fragte sich, was die Mädchen von ihm wollten.

Ein drittes Mädchen flüsterte ihm ins Ohr, dass die Bullen ihn vermutlich zum Tod der alten Nachbarin fragen würden.

Luca zuckte mit den Schultern. Was sollte er dazu sagen?

„Und?", fragte das vierte Mädchen. „Hast du etwas gesehen?"

Luca schüttelte heftig den Kopf. „Nein, wieso?"

Perle ließ von ihren Fingernägeln ab und pikste die Spitze des Messers gegen Lucas linke Wange.

„Falsch!", stellte Lady klar. „Du hast etwas gesehen!"

„Aber ..."

Ein Schlag auf die Nase ließ Lucas Einwand ersticken.

„Ich sag dir jetzt, was du gesehen hast", kündigte Lady an.

Luca verstand nichts, aber er hörte zu.

Erster Hinweis

Nachdem der Kommissar sich den Supermarkt genau angesehen und Paula eingehend befragt hatte, ging er, um sich bei den Nachbarn noch einmal umzuhören.

Paula hatte dem Kommissar alles erzählt, auch von ihrer Vermutung, Kea könnte in einen der Lastwagen eingestiegen sein, die hinter dem Supermarkt entladen wurden.

Der Kommissar hatte sie seltsam angesehen. So, als ob er hatte prüfen wollen, ob sie ihn veralberte.

„Würdest du denn abhauen, ohne irgendetwas mitzunehmen?", hatte er gefragt.

Paula hatte den Kopf geschüttelt. Trotzdem sagte ihr eine innere Stimme, dass Kea genau das getan hatte.

„Vielleicht ist sie hier entführt worden?", hatte sie den Kommissar ratlos gefragt.

Der Kommissar nickte ernst. „Genau das prüfen wir ja. Aber ich bin mir sicher, Kea wurde nicht aus diesem Supermarkt heraus entführt! Für keinen Entführer ergäbe es einen Sinn, seine Tat hier zu verüben. Die Gefahr ist doch viel zu groß, von einer Überwachungskamera gefilmt zu werden. Und dann die vielen Kunden, die schließlich nicht blind sind. Und nicht taub. Nein, hier gibt es einfach viel zu viele Zeugen."

Der Kommissar hatte es nicht ausdrücklich gesagt. Doch Paula hatte es auch so bemerkt: Ihre Aussage war für die Polizei so gut wie wertlos. Er war überzeugt, dass sie Kea in diesem Supermarkt einfach nur aus den Augen verloren hatte.

Dennoch: Paula wusste, dass sie sich nicht geirrt hatte. Kea war in diesen Supermarkt hineingegangen und nicht wieder herausgekommen. Und wenn Kea nicht entführt worden war, dann musste sie abgehauen sein.

Paula erschrak, als ihr jemand auf die Schulter tippte.

„Na? Meditierst du hier mit den Joghurtbechern?"

Paula sah in das nette Gesicht des Jungen, den sie im Lager getroffen hatte.

„Was weiß ich!", antwortete Paula.

Der Junge lächelte verlegen. „Sag ich das wirklich so oft?"

„Ständig!", verriet ihm Paula. „Finde ich aber nicht schlimm. Im Gegenteil. Das hat irgendwie was. Ich glaube sogar, ich habe mir das auch schon angewöhnt!"

„Echt?"

„Was weiß ich!"

Beide lachten.

„Und?", fragte Paula schließlich.

Der Junge benötigte einen Moment, ehe er sich erinnerte, was sie meinte.

„Andalusien!", antwortete er. „Die Supermarktkette hier hat ein eigenes isotonisches Getränk. So eine No-Name-Marke. Ist genau das Gleiche wie die bekannten Marken, nur billiger. Das bringen sie aus Kiel hierher. Und von hier werden einige Lkw-Ladungen dann wieder abgeholt und nach Frankreich und Spanien verteilt."

„Und nach Andalusien!" So hatte Paula es verstanden, auch wenn sie noch nie etwas von diesem Land gehört hatte.

---

isotonisches Getränk
Sportgetränk, das die gleiche Konzentration an Mineralien wie die Körperflüssigkeiten hat

Der Junge lächelte. „Andalusien gehört zu Spanien wie Schleswig-Holstein zu Deutschland."

Paula nickte.

Andalusien! Ob Kea wirklich dahin wollte? Plötzlich fiel ihr etwas ein. Dunkel sah sie eine Landkarte vor sich, die einmal im Unterricht an der Tafel gehangen hatte. „Wie weit ist es eigentlich von Andalusien nach Afrika?"

Der Junge pustete. „Mann! Sehe ich aus wie ein Reisebüro? Wieso willst du das eigentlich alles wissen?"

Paula überlegte einen Augenblick, ob sie den Jungen in ihre Gedanken einweihen sollte. Sie merkte, dass sie ihre Überlegungen nicht mehr länger geheim halten konnte. Sie musste mit jemandem darüber reden. Der Kommissar glaubte ihr nicht, also, warum sollte sie sich nicht diesem Jungen anvertrauen, der immerhin bereit war ihr weiterzuhelfen?

„Wenn dich das interessiert, können wir uns ja mal treffen!", schlug sie vor. „Dann erzähle ich dir alles."

Der Junge stimmte sofort zu. „Morgen!", schlug er vor. „Da habe ich nachmittags frei!"

Sie machten einen Treffpunkt aus.

Bevor Paula sich verabschiedete, fragte sie noch: „Sag mal, wie heißt du eigentlich?"

„Matthias!", antwortete er. „Aber alle nennen mich Matze!"

Zeugen

„Meinst du, der hält sich an die Abmachung?", fragte Perle zweifelnd.

„Alles andere würde ich ihm nicht raten!", erwiderte Lady. Trotzdem wirkte sie nicht überzeugt. Auch Lady hatte nicht übersehen, was für eine Memme dieser Luca war. Wenn die Bullen den ein bisschen härter anfassten, dann würde er quatschen. Schon aus Dämlichkeit würde ihm bei den Bullen herausrutschen, wer ihm seine Aussage in den Mund gelegt hatte.

Clarissa sagte mal wieder gar nichts.

Big warf ein: „Vielleicht sollten wir noch mehr *Zeugen* auftreiben!"

Lady nickte. „Wär sicher das Beste!"

Sie dachten nach, wer sich dafür eignen würde, als Lady plötzlich einen weißen Wagen vorfahren sah, der nicht in diese Gegend gehörte. Dafür hatte Lady einen Blick.

Der weiße Wagen parkte.

„Bullen?", fragte Perle.

Eine Frau stieg aus. Sie trug einen kurzen roten Rock. Die weiße Bluse war zwei Knöpfe zu weit geöffnet. Womit für Lady feststand: „Keine Bullen!" Clarissa atmete schon erleichtert auf, doch Lady blieb gespannt.

Über der weißen Bluse trug die Frau ein kurzes Jäckchen, dessen Rot gut auf das des Rockes und der Pumps abgestimmt war.

„Zu brav für 'ne Nutte!", lautete Bigs Einschätzung.

Die Beifahrertür öffnete sich und ein Mann stieg aus, der eine dicke Tasche über der Schulter trug. Er war in Jeans und T-Shirt gekleidet.

Lady hatte keine Zweifel mehr: „Pressemieze und ihr Fotograf!"

So sahen auch immer die Tanten aus, die ums Haus der Jugend schlichen, bevor einen Tag später in der Schule mal wieder Zeitungsausschnitte am Brett hingen, die den Stadtteil als gefährlichsten und schmutzigsten Schandfleck der Stadt brandmarkten.

„Das ist ja fast noch schlimmer als Bullen!", fand Clarissa.

„Kommt darauf an, was man daraus macht!", widersprach Lady. „Bessere Zeugen gibt es doch kaum!"

Während Perle, Clarissa und Big noch rätselten, was Lady damit gemeint haben könnte, gab die schon den Befehl, ihr nicht zu folgen, und schritt forsch auf die Pressemieze zu.

Als sie nur noch fünf Schritte von ihr entfernt war, bog Lady ab und ging an der Frau vorbei, als ob die gar nicht dastehen würde.

Ihr Plan funktionierte.

Sofort rief die Frau ihr hinterher.

„Meinen Sie mich?", fragte Lady schnippisch und spuckte der Frau das alte Kaugummi vor die Füße.

Die Frau konterte, indem sie einen Zehn-Euro-Schein aus dem Jäckchen zog und damit wedelte: „Cool bleiben, Fräulein. Ich hab nur ein paar Fragen!"

Der Fotograf öffnete seine Tasche.

„Keine Fotos!", schrie Lady übertrieben auf.

Die Frau stutzte. „Was ist denn mit dir los?"

„Keinen Bock auf Ärger!", antwortete Lady schnell. „Kaum sagt man was und schon gilt man hier als Verräter und ..."

„Wieso?", hakte die Frau interessiert ein. „Was könntest du denn verraten?"

Lady drehte sich langsam und demonstrativ nach allen Seiten um. „Nicht hier!", flüsterte sie. „Kommen Sie mit!"

Staunend beobachteten Perle, Big und Clarissa aus sicherer Entfernung, wie die Pressemieze Lady hinterherdackelte wie ein dressierter Hund.

Flucht

„Geduld!", sagte sich Kea. „Ich muss nur Geduld haben."

Vom Hochstand hatte sie einen Weg gesehen, den sie nun entlangging. Endlich ein Weg! Wege führten zu Menschen, sagte sie sich. Früher oder später würde sie jemandem begegnen. Sie durfte nur den Weg nicht verlassen.

Durst quälte sie. Der kleine Bach floss so dicht an ihr vorbei, dass sie das Wasser plätschern hörte. Erreichen konnte sie das Wasser allerdings nicht, ohne vom Weg abzuweichen. Sie verbot sich, den Weg zu verlassen. Auf gar keinen Fall wollte sie ein zweites Mal den Weg aus den Augen verlieren und sich verlaufen. Das Geräusch des frisch sprudelnden Wassers ließ ihren Mund noch trockener werden. Eisern versuchte sie an etwas anderes zu denken. Den Hunger, der ihren Magen knurren ließ, konnte sie leichter verschmerzen, aber der Durst wurde mit jedem Schritt unerträglicher. Sie benetzte sich die spröden Lippen mit der Zunge, sammelte Spucke im Mund, schluckte sie herunter. Es verdrängte das Durstgefühl nicht. Eher im Gegenteil. Der Durst drängte sich mehr und mehr in den Vordergrund. Sie konnte an nichts anderes denken als an den Bach mit dem köstlich kühlen Wasser, der keine Minute von ihr entfernt verführerisch plätscherte.

Kea hielt sich die Ohren zu, wollte nichts hören von dem Wasser, unbeirrt dem Weg folgen, bis sie einem Menschen begegnen würde, der sie aus diesem entsetzlichen Wald heraus zum nächsten Telefon führte.

Wieso gab es hier keine Menschen? Der kleine Park, der an ihrem Stadtteil vorbeiführte, war voller Menschen. Rentner, Hundebesitzer, Mütter mit ihren Kleinkindern, Jogger. Sogar ein paar Studenten verirrten sich manchmal in die Nähe des Stadtteils, lungerten auf den Wiesen herum und lasen.

Nur hier schien es keine Menschenseele zu geben.

Sie lief weiter, immer weiter. Sie wusste nicht, wie lange, aber sie befürchtete, sie war erheblich kürzer gelaufen, als das Gefühl es ihr weismachen wollte. Sie hielt es nicht mehr aus, musste endlich etwas trinken. Selbst wenn sie einem Menschen begegnete, hieß das noch lange nicht, dass der etwas Trinkbares dabeihatte und ihr auch etwas davon anbot.

Kea entschloss sich dem Durst nachzugeben, bog nach links ab ins Dickicht, um endlich aus dem nahen Bach einen Schluck zu trinken.

Sie schöpfte das Wasser mit beiden Händen und schlürfte es gierig. War das eine Wohltat! Noch eine Hand voll und noch eine. Sie wusch sich mit dem Wasser das Gesicht, trank erneut. Wenn sie wenigstens eine Flasche oder ein Gefäß besäße, um sich etwas Wasser für später mitzunehmen. Sie hätte eine der Flaschen aus dem Lkw mitnehmen sollen. Zu blöd! Sie war einfach nicht geeignet zum Abhauen, einen Fehler nach dem anderen machte sie. Wenn sie doch nur bald wieder zu Hause wäre!

Sie trank noch einen Schluck, da sah sie ein kleines Holzschiffchen an sich vorbeischippern. Es wippte im seichten Strudel des Baches, fing sich aber immer wieder kurz, bevor es umzukippen drohte, und wurde von der Strömung weitergetrieben.

Kea hob den Kopf. Woher kam das Schiffchen? Wo ein Schiffchen im Wasser fuhr, konnte das Kind, das es in den Bach gesetzt hatte, nicht weit sein! Und wo ein Kind war, waren auch Eltern.

Kea erhob sich, sah den Bach hinauf, da hörte sie auch schon das Rufen eines Kindes: „Schnell! Schnell!"

Im nächsten Moment sah sie einen kleinen Jungen am gegenüberliegenden Ufer aus einem Busch springen. Im Eifer der Verfolgung nahm er Kea überhaupt nicht wahr.

In einigen Metern Abstand folgte der Vater.

„Warte!", rief er.

„Es haut ab!", war der Junge überzeugt.

„Nein, nein!", beruhigte der Vater. „Wir kriegen es schon. Siehst du es noch?"

„Schnell, schnell!", brüllte der Junge wieder. „Dort! Gleich ist es weg! Schnell!"

Kea hatte die Hand schon gehoben, wollte hinüberrufen, um Hilfe bitten, fragen, wo sie sich befand, sich ein Handy ausleihen, ihre Mutter anrufen. Doch schnell besann sie sich. Wozu unnötig Aufsehen erregen?, fragte sie sich. Sie musste den beiden nur folgen, denn sicher würde der Vater mit dem Sohn nicht tiefer in die Wildnis hineinlaufen, sondern eher hinaus. Offenbar führte der Bach direkt in die Zivilisation.

Kea nahm die Verfolgung auf.

Keas Entscheidung erwies sich als richtig. Vater und Sohn hatten bald das Schiffchen eingeholt. Nach zehnminütiger zäher Verhandlung hatte der Junge ein Extra-Eis und einen Videoabend für sich herausgeholt und ließ sich zum nahe gelegenen Parkplatz führen, um den Heimweg anzutreten.

Kea atmete auf, als sie die parkenden Fahrzeuge sah. Jetzt war es ein Kinderspiel, endlich wieder nach Haus zu kommen. Zuerst musste sie herausbekommen, wo sie überhaupt war, dann jemanden finden, der bereit war, ihr für ein Gespräch ein Handy zu leihen, und schon würde ihre Mutter sie abholen.

Ein Blick auf die Nummernschilder der Fahrzeuge machte deutlich, dass sie ein ganzes Stück gefahren sein musste. Die meisten Autos trugen ein Stadtkürzel, das Kea nicht kannte. Trotzdem zweifelte sie nicht, dass ihre Mutter kommen würde, um sie zu holen. Wer sein Kind vermisste, war bereit, um die ganze Welt zu reisen, um es wohlbehalten wiederzufinden. Zu Hause würde es etwas anderes sein. Ihre Mutter würde ihr gehörig die Meinung geigen. Aber sie hatte schließlich auch allen Grund, sauer auf Kea zu sein.

Sie suchte nach jemandem, den sie fragen könnte, wo sie sich befand. Es war niemand zu sehen. Vater und Sohn waren inzwischen fortgefahren.

Sie hätte fragen sollen. Kea ärgerte sich über ihren Fehler, beruhigte sich aber schnell. Früher oder später würde hier jemand vorbeikommen und in sein Auto einsteigen.

Sie musste nicht lange warten. Ein junges Pärchen kam aus dem Wald und steuerte direkt auf ein Auto zu. Der Mann öffnete den Wagen, seine Freundin setzte sich auf den Beifahrersitz, klappte den Schminkspiegel hinunter und zog sich die Lippen nach. Der Mann schaltete das Radio ein, stellte sich neben den Wagen und trank eine Cola.

Kea fasste sich ein Herz und ging auf den Wagen zu.

Das Radio dröhnte aus dem Auto. Das Musikstück wurde ausgeblendet, es ertönte der Nachrichtenjingle.

„Und hier die Schlagzeilen", sagte der Sprecher.

Und das, was Kea hörte, versetzte ihr tatsächlich einen Schlag: *„Die vermisste Jugendliche, Kea F. aus Burgstadt bei Hamburg, befindet sich wahrscheinlich auf der Flucht ...",* las der Sprecher. Kea blieb stehen wie eingefroren. Woher wussten die das? *Flucht.* Na ja. Nicht ganz der richtige Ausdruck. Okay, sie war fortgelaufen, aber ...

... aber woher wussten die das?

Kea konnte kaum glauben, was sie da hörte: Die Polizei schloss nicht aus, dass Kea abgetaucht war, weil sie etwas mit dem Tod einer alten Frau aus ihrer Nachbarschaft zu tun haben sollte. Es folgte eine Beschreibung Keas.

Kea stockte der Atem. Der Puls hämmerte in ihren Adern. Ihr wurde übel.

Sie wurde unter dem Verdacht gesucht, eine alte Frau aus der Nachbarschaft ermordet zu haben! Wie kamen die auf so eine entsetzliche Anschuldigung?

Schule

Hätte es auf Paulas Weg von zu Hause zur Schule einen Kiosk gegeben, wäre sie an diesem Tag vielleicht gar nicht bis zur Schule gegangen. So aber dauerte es bis zur zweiten Stunde, ehe sie eine aktuelle Ausgabe der Tageszeitung zu Gesicht bekam. In der zweiten Stunde hatten sie eine Vertretung. Weil der Vertretungslehrer die Klasse nicht kannte und deshalb nicht so recht wusste, was er mit ihr anfangen sollte, hatte er den Schülern aufgetragen, das Mathebuch aufzuschlagen und in stiller Arbeit einige Aufgaben zu lösen, während er es sich vorn am Pult gemütlich machte und ebenjene Zeitung aufschlug.

Der Lehrer blätterte auf die Seite 4 und knickte das Blatt so, dass die Seite 3 zur Klasse zeigte. Als Paula einen Blick darauf warf, wäre sie beinahe vom Stuhl gekippt.

„Da ist ja Kea!", rief sie, sprang auf und zeigte auf die Zeitung.

Die anderen Schüler sahen Keas Foto nun auch in der Zeitung, sprangen ebenfalls auf und drängten sich vorn um den verblüfften Lehrer, der nicht wusste, wie ihm geschah.

Paula konnte es kaum glauben. „Kennen Sie denn Kea nicht?", rief sie dem Lehrer entgegen.

„Doch, natürlich!", stotterte der Lehrer. Er hatte das schwarze Mädchen zwar noch nie im Unterricht gehabt, doch jetzt, als die Schüler ihn darauf hinwiesen, erkannte er es auch auf dem Foto. Ohne die Hilfe der Schüler allerdings hätte er es achtlos überblättert.

„Die wird doch vermisst!" Paulas Stimme überschlug sich fast. Wusste der Lehrer denn überhaupt nichts? Hoffentlich bekam sie diese Trantüte niemals regulär in irgendeinem Fach. Wer so ahnungslos war, hatte auch keinen Respekt verdient. Paula riss ihm die Zeitung aus der Hand und breitete sie auf dem Pult aus. Noch ehe der Lehrer protestieren konnte, hatte eine Gruppe von Schülern ihn schon beiseitegeschoben, hing mit den Köpfen über der Zeitung und der Lehrer musste aufpassen, auf seinem hinteren Platz nicht auch noch vom Stuhl geschubst zu werden.

Schon die fette Überschrift versetzte Paula einen Schlag.

**VERMISSTE KEA IN WAHRHEIT
AUF DER FLUCHT?**

fragte die Zeitung.

Wieso auf der Flucht? Und was machte das Bild von der toten Oma aus ihrem Stadtteil direkt unter Keas Foto? Die glaubten doch nicht ...?

Paula überflog hastig den Artikel.

Doch! Sie glaubten es! Laut Zeitungsartikel gab es mehrere Zeugen, die Kea gesehen hatten. Noch später als sie! In der Nähe des Hauses, in der die alte Frau erschlagen worden war und sogar in ihrem Treppenhaus!

Daraus folgerte die Zeitung, dass „das schwarze Mädchen" möglicherweise gar nicht verschwunden war, sondern etwas mit dem Mord an der Frau zu tun hatte und deshalb geflüchtet war.

„Irre!", fand Dennis. „Unser Schoko-Girl ist 'ne Mörderin!"

„Hast du 'ne Macke?", fauchte Paula ihn an.

„Lies doch selbst!", blaffte Dennis zurück.

„Pft!", machte Paula. Wie sie Dennis' Lesefähigkeiten einschätzte, hatte der nicht mehr als die Überschrift geschafft. Trotzdem hatte er den Nagel auf den Kopf getroffen. Die Vermutung, die er ausgesprochen hatte, legte die Zeitung mit ihrem Artikel nahe.

Alles in Paula sträubte sich, der Vermutung zu folgen. Sie musste zugeben, dass sie Kea kaum kannte. Sie musste auch zugeben, sich nicht vorstellen zu können, eine Raubmörderin in ihrer Klasse gehabt zu haben. Aber selbst wenn sie sich verschätzt und Kea einiges auf dem Kerbholz haben sollte, die brachte doch keinen um! Nicht Kea! Paula hatte mit eigenen Augen gesehen, wie Kea sich von den vier Prinzessinnen hatte fertigmachen lassen. Wehrlos war sie gewesen. Nicht das kleinste Anzeichen von Gegenwehr! Erbärmlich! So eine brachte doch keine alte Frau um! Oder umgekehrt: Wer fähig war, eine alte Frau zu erschlagen, ließ sich von vier Mädels im Einkaufszentrum nicht dermaßen erniedrigen, ohne sich zu wehren! Das passte nicht zusammen! Wieso merkte die Polizei das nicht?

Weil die Kea nicht gesehen haben!, beantwortete sich Paula die Frage selbst. Die Polizei besaß nur Paulas Zeugenaussage. Wenn aber mehrere andere Zeugen Kea in der Nähe des Tatorts gesehen hatten, dann wog das schwerer. Klare Kiste!

„Scheiße!", stieß Myrte plötzlich aus. „Seht mal das Foto!"

Alle hatten das Foto von Kea gesehen. Was war damit?

„Das ist das gleiche wie auf unseren Flugblättern!"

Das war Paula ebenfalls aufgefallen. Sie hatte sich allerdings nichts dabei gedacht.

Myrte hingegen verzog das Gesicht. „Das heißt, die Zeitung hat das Foto von meiner Mutter. Die hat sich das doch von Keas Mutter besorgt!"

„Geil!", grölte Kevin los. „Da ist deine Mutter aber voll am Arsch! Wenn Keas Mutter deine Alte erwischt, bringt sie die vielleicht auch um. Also wenn die so drauf ist wie ihre Tochter!"

Dennis kicherte. Er und Kevin klatschten sich mit den Händen ab.

Myrte sprang Kevin an die Gurgel.

Kevin kreischte.

Dennis wollte seinem Freund zu Hilfe eilen, doch Paula hielt ihn ab.

Dennis verpasste Paula eine Ohrfeige, die ihm daraufhin wütend gegens Schienbein trat. Im Nu war eine wilde Klopperei im Gange.

Endlich sprang der Lehrer auf.

„Halt! Stopp!" Er fuchtelte mit den Händen in der Luft herum, zupfte dann mal Dennis am Kragen, schließlich Paula am Ärmel. Seine Versuche, die Keilerei zu beenden, scheiterten kläglich. „Ihr seid wohl verrückt geworden!", rief er. Sein Kopf rötete sich. „Schluss jetzt! Hört auf!"

Für eine Zehntelsekunde wurde der Kampf unterbrochen.

Die vier richteten ihre Kleidung, wobei Kevin Myrte noch einen kleinen Stoß verpasste. Myrte schlug sofort zurück. Dennis' Bewegung wurde im Keim von Paula erstickt, indem sie ihm ihre langen Fingernägel ins nackte Fleisch des rechten Unterarms bohrte. Schon war die Keilerei aufs Neue entfacht.

„Schluss!", brüllte der Lehrer. Er schnappte nach dieser Anstrengung tief nach Luft.

Die Jungs und Mädchen ließen widerwillig voneinander ab, töteten sich mit Blicken.

„Du kriegst nachher noch aufs Maul!", versprach Kevin.

„Wenn du unbedingt Rührei zwischen deinen Beinen schaukeln willst, nur zu!", erwiderte Myrte.

„Jetzt reicht es!", befand der Lehrer. „Ihr vier meldet euch auf der Stelle beim Direktor!"

In dem Moment klingelte es zur Pause.

Die Schüler stürmten hinaus und mit ihnen Kevin, Dennis, Myrte und Paula.

Ratlos stand der Lehrer da, wusste nicht einmal, wie die Schüler hießen, die gerade so frech seine Anweisungen ignorierten, als gäbe es ihn gar nicht. Frustriert schüttelte er den Kopf, packte seine Sachen und hoffte, dass seine beantragte Versetzung zum Gymnasium bald genehmigt würde.

Medien

„Geil! Endlich mal was los hier!", freute sich Big. Sie hockte auf einem Stromkasten und ließ die Beine baumeln. Ihre Fußspitzen kickten Perle in den Rücken.

„Bescheuert?", pflaumte Perle sie an, ging einen Schritt beiseite.

Big reagierte nicht, sondern zeigte auf den dritten Wagen, aus dem ein Kameramann ausstieg. „Wie in Hollywood!", lachte sie.

Lady war zufrieden. Als sie spontan auf die Idee gekommen war, die Zeitungstussi anzuquatschen, hätte sie nicht geglaubt, wie leicht es wahr, die Zeitungs- und Fernsehleute in eine bestimmte Richtung zu lenken. Clarissa, die dumme Zicke, die die Alte auf dem Gewissen hatte, war so gut wie aus dem Schneider. Alle hatten sich auf die Negerschlampe eingeschossen, die verschwunden war und die man vermutlich auch bald irgendwo tot im Wald finden würde. Mit ein bisschen Glück würde sich der „Fall Clarissa" auf diese Weise fast von selbst erledigen. Es lief so gut, dass man schon bald daran denken konnte, sich das nächste Opfer auszugucken. Die Kohle wurde knapp. Und wenn sie diesmal Perle oder Big vorschicken würde statt das Trampeltier Clarissa, würde der nächste Coup vermutlich leicht ablaufen.

Coup
verwegene Aktion

„Ich komme gleich wieder", sagte Clarissa den anderen. „Ich muss mal aufs Klo!"

Niemand antwortete. Es war klar, dass sie noch hier stehen würden, wenn Clarissa wiederkam.

Clarissa wohnte hinter dem EZ, so lag es nahe, die Toilette im Einkaufszentrum zu benutzen. Außerdem wollte sie für einen Moment allein sein. Natürlich gefiel es ihr, dass Ladys Plan aufzugehen schien und alle Aufmerksamkeit von ihr abgelenkt wurde. Aber insgesamt war ihr die Aufmerksamkeit zu hoch. Was Big und Perle freute, weil sie sich wie in Hollywood fühlten, empfand sie als bedrohlich. Je mehr neugierige Nasen hier herumschnüffelten, desto größer wurde die Gefahr, dass irgendjemand fündig wurde und an der Version zweifelte, die Lady ihnen aufgetischt hatte. Je mehr die paar Zeugen, die sie selbst ausgesucht und bedroht hatten, immer und immer wieder befragt und interviewt wurden, desto eher würden sie sich in Widersprüche verwickeln und irgendwann ihre Angst verlieren und die Lügen aufgeben. Was immer schiefgehen würde, es würde auf sie, Clarissa, zurückfallen. Noch konnte sie sich auf ihre Freundinnen verlassen. Dafür waren die Prinzessinnen da. Die verschworene Gemeinschaft, die starke Mädchengang, der man nichts anhaben konnte. Aber wie lange noch? Wie lange würde sie Schutz in der Gang finden, wenn Presse und Bullen ihr gefährlich nahe kamen? Alle drei, Lady, Perle und Big hatten die Unfallversion nicht gelten lassen, sondern einzig ihr die Schuld für den Tod der Alten in die Schuhe geschoben. Wenn es eng wurde, würden die Prinzessinnen sie fallen lassen. Clarissa machte sich da keine falschen Hoffnungen.

Sie schlief nachts schlecht, wurde von Albträumen geplagt, in denen die Bullen sie schon mehrfach abgeführt hatten und die Fratze der Alten aufgetaucht war, um sie auszulachen. Die Gefängniswärterinnen trugen das Gesicht der Alten, und als sie im Traum ihre Zellengenossin begrüßen wollte, hatte sie ebenfalls das gehässige Grinsen der Alten angelacht.

Die Alte verfolgte sie Tag und Nacht, wenn nicht als schreckliche Traumfigur, dann als reale Erinnerung an die tote Frau. Clarissa wurde den starren Blick der toten Alten nicht los. Wie sie dagelegen hatte, auf dem Küchenfußboden, den Kopf in der Blutlache, den Blick gegen den Backofen gerichtet, den Mund halb geöffnet, den Hals eigentümlich verdreht.

Gern hätte sie jemandem von ihren Albträumen erzählt. Aber wem? Die Prinzessinnen hätten sich nur kaputtgelacht. Lehrer schieden sowieso aus. Wenn Clarissa recht überlegte, wusste sie bei manchen Fächern noch nicht einmal, welcher Lehrer sie da eigentlich unterrichtete. Dafür erschien sie viel zu unregelmäßig im Unterricht. Die Schule hatte ihren Eltern schon dreimal Briefe wegen ihres Schwänzens geschrieben. Aber Clarissa hatte die Briefe jedes Mal selbst aus dem Briefkasten gefischt und verschwinden lassen, bevor sie ihre Eltern erreichten. Oder besser gesagt, ihre Mutter. Ihr Vater war sowieso kaum da. Wenn der nicht gerade arbeitslos war, malochte er irgendwo auf dem Bau. Meistens weit weg, oft in Süddeutschland. Entfernungen waren kein Grund, eine Arbeit abzulehnen, hatte er erklärt. Würde er sie um der Familie wegen absagen, würden sie ihm das Arbeitslosengeld streichen. Also reiste er von Baustelle zu Baustelle und kam höchstens mal am Wochenende nach Hause. Mutter ging putzen. In besten Zeiten hatte sie vier verschiedene Putzstellen, dann noch den eigenen Haushalt zu machen und sich um Clarissas drei kleinere Geschwister zu kümmern. Nach ihrer Schwester Yvonne, die fünf Jahre alt war, sollte unbedingt noch ein Junge kommen. Pech für die Eltern, dass es dann Zwillinge waren! Und Vater war nichts Besseres eingefallen, als sie auch noch Max und Moritz zu nennen.

Max und Moritz quäkten zu Hause rum, gingen Clarissa auf die Nerven, weil sie wegen der beiden ihr Zimmer mit Yvonne teilen musste, und beschäftigten sich rund um die Uhr damit, abwechselnd ihre Windeln voll zu kacken.

Und jetzt hatten ihre Eltern auch noch eine Mörderin in der Familie. Wie sollte sie denen das erklären? Das ging nicht! Clarissa konnte nur hoffen, dass niemand in der Familie jemals etwas davon erfahren würde.

Sie drehte den Wasserhahn auf, schlug sich einige Händevoll kaltes Wasser ins Gesicht, blickte in den Spiegel und musste sich konzentrieren, um nicht schon wieder das Gesicht der toten Alten zu sehen.

„Scheiße!", flüsterte Clarissa ihrem eigenen Spiegelbild zu. „Was für eine Scheiße!"

Entscheidung

Paula konnte unmöglich an diesem Vormittag zurück in den Unterricht gehen. Nicht wegen des Ärgers, den sie mit dem Vertretungslehrer bekommen hatte. Wie hieß der noch? Egal! Vermutlich würde sie ihm in den nächsten Monaten ohnehin nicht mehr begegnen. Nein, der Grund, weshalb Paula nicht mehr zurück in den Unterricht wollte, war der Zeitungsartikel. Kea – eine Mörderin!? Das wollte einfach nicht in ihren Kopf.

Myrte dachte ähnlich. Obwohl auch sie nichts von Kea wusste.

„Wieso haben wir eigentlich nie mit ihr gesprochen?", fragte Paula Myrte.

Die beiden hatten sich vom Schulhof abgesetzt, den Wirrwarr aus Beton, Stahl und Glas, aus dem das Schulgebäude in den Siebzigerjahren zusammengekloppt worden war, verlassen, hatten Sport- und Parkplatz, das angegliederte Haus der Jugend und die Stadtbücherei hinter sich gelassen und sich hinter der Schule, die mit ihren 1700 Schülern eher einer heruntergekommenen Kleinstadt glich, aus dem Staub gemacht. Sie schlenderten durch den nahe gelegenen Park am See entlang, legten sich auf die Wiese und hofften, dass innerhalb der nächsten Stunde kein frei laufender Kampfhund vorbeikam, den ein alkoholkrankes Herrchen zum blutrünstigen Kinderfresser abgerichtet hatte.

„Ich habe mir das immer nur umgekehrt überlegt", antwortete Myrte. „Ich habe mich immer gewundert, weshalb sie nicht mit uns spricht!"

Paula nickte. So war es ihr auch ergangen. Zuerst hatte sie Kea für eingebildet gehalten, dann für schüchtern, später für bescheuert und zwischendurch mal für alles zusammen. Auf die Idee, dass es auch an ihr selbst gelegen haben könnte, war Paula nie gekommen.

Myrte zuckte mit den Schultern. „Wieso auch? Wir reden ja auch miteinander. Und die anderen mit uns auch. Die Einzige, die mit niemandem spricht, ist Kea!"

„Hast du es jemals versucht?", hakte Paula nach. Sie musste zugeben, dass sie selbst ihre Versuche recht schnell aufgegeben hatte.

„Klar!", schoss es aus Myrte heraus. Dann dachte sie nach. Ihr fiel keine Situation ein, in der sie es tatsächlich versucht hätte. „Nein!", korrigierte sie sich schließlich.

Paula nickte. „Eben!"

Sie kramte ihr Schulbrot aus dem Rucksack hervor und biss hinein. Als sie den Rucksack zurückstellte, fiel ihr Blick auf den Weg.

„Oh Scheiße!", flüsterte sie.

Myrte schreckte auf. „Ein Kampfhund?"

„Schlimmer!", fand Paula.

Myrte schaute und wusste, wen Paula meinte.

Die vier Mädchen, die sich im Stadtteil als „Prinzessinnen" einen Namen gemacht hatten, schlenderten den Weg entlang.

Paula und Myrte schnürten ihre Rucksäcke und hielten die Riemen fest in Händen. Unausgesprochen waren sie sich einig: Kämen die vier auf sie zu, würden sie sofort die Beine in die Hand nehmen und flüchten. Schweigend warteten sie ab, ob die Prinzessinnen vorbeiziehen würden, ohne Ärger zu machen. Sowohl Paula als auch Myrte vermieden es, einem der Mädchen in die Augen zu schauen. Wie bei Kampfhunden. Schaute man ihnen in die Augen, weckte man nur unnötig ihr Interesse und löste womöglich ungewollt eine neue Welle der Aggressivität aus.

Die Prinzessinnen blieben stehen, gerade als sie auf der Höhe von Myrte und Paula angekommen waren.

Ausgerechnet, dachte Paula. *Los! Zieht weiter! Schaut nicht hierher!* Paula machte sich so klein wie möglich. Auch Myrte zog den Kopf ein. Ihre Finger spielten nervös mit den Trageriemen des Rucksacks.

Paulas Wunsch wurde erhört. Die Prinzessinnen setzten sich wieder in Bewegung und gingen weiter um den See herum.

Erst als Myrte und Paula sie nicht mehr sehen konnten, setzten sie ihr Gespräch fort.

Paula erzählte, wie sie die vier mit Kea beobachtet hatte.

Nach diesem Bericht stand auch für Myrte fest: „So eine wie Kea bringt doch keine alte Frau um!"

„Ne!", stimmte Paula zu. „Eher schon eine der vier!"

Paula hatte es einfach so ausgesprochen, ohne sich dabei etwas Besonderes zu denken. Doch nachdem sie es gesagt hatte, starrten die beiden Mädchen sich an. Sie hielten es für eine durchaus realistische Möglichkeit, was Paula da gesagt hatte.

„Mann!", sagte Paula und atmete lang aus. „Stell dir mal vor: Kea wird entführt oder verschleppt oder missbraucht, hängt vielleicht irgendwo in Gefangenschaft und dann wird sie selbst auch noch als Mörderin gesucht statt als Opfer."

„Horror!", fand Myrte. „Wenn Kea – warum auch immer – wirklich abgehauen ist, weiß sie vielleicht noch nicht einmal, dass die Bullen hinter ihr her sind!"

„Auch Horror!", bestätigte Paula.

„Wo Kea wohl jetzt ist?", fragte sich Myrte.

„Andalusien!", vermutete Paula.

„Wie kommst du denn darauf?"

Paula lächelte, schaute auf die Uhr. „Um drei an der Eisdiele. Dort erfahren wir mehr!"

Freunde

Matze war nett. Paula hatte es von Anfang an geahnt. Nun bestätigte es sich. Zunächst war er ein wenig irritiert, weil Paula Myrte mitgebracht hatte, doch das legte sich schnell, als die beiden Matze detailliert einweihten, worum es ging.

Matze hörte aufmerksam zu. Als Paula und Myrte mit ihren Berichten am Ende waren, lautete sein Kommentar nur: „Die arme Kea!"

Paula atmete auf. Endlich mal jemand, der sie verstand und nicht so dämlich daherquatschte wie Dennis oder Kevin.

„Du glaubst auch nicht, dass Kea die Frau umgebracht hat, oder?", vergewisserte sich Paula.

Matze schüttelte den Kopf. „Ich glaube auch nicht, dass die Polizei das glaubt", antwortete er. „So blöd sind die auch nicht. Die müssen nur jede Spur verfolgen. Und die Zeitungen machen daraus dann wieder so ein Mordsgeschrei."

Er stockte, weil ihm erst jetzt die Doppelbedeutung seines Wortes aufgegangen war.

Paula war beeindruckt. Woher wusste Matze solche Sachen? So viel älter als sie war er auch nicht, arbeitete gerade mal im ersten Lehrjahr in dem Supermarkt.

Matze bemerkte Paulas Bewunderung und winkte sofort ab: „Keine Angst, ich bin nicht James Bond. Mein Onkel arbeitet nur bei der Polizei."

„Echt?" Doch bevor Paula sich falsche Hoffnungen machen konnte, winkte Matze erneut ab. „Verkehrspolizei. Der hat mit solchen Fällen nichts zu tun. Trotzdem weiß er natürlich einiges."

„Aber wie können wir denn Kea helfen?", fragte Myrte. „Die Bullen ..." Sie korrigierte sich, weil Matzes Onkel Polizist war, „... die Polizei glaubt Paula ja offenbar nicht, dass Kea abgehauen ist."

Paula stimmte Myrte zu. „Die denkt, entweder Kea wurde entführt oder sie ist auf der Flucht!"

„Klingt ja auch wirklich unwahrscheinlich, dass Kea einfach so abgehauen sein soll", wandte Myrte ein. Doch plötzlich erinnerte sie sich an einzelne Situationen, in denen sie Kea mal beobachtet hatte. Ganz so unmöglich erschien es doch nicht, Kea eine solche Flucht zuzutrauen. „Wer in der Schule monatelang mit niemandem redet, der haut auch auf so merkwürdige Weise ab!"

Matze schüttelte den Kopf. Er stellte sich vor, wie Kea zufällig einen Lkw sah, sich auf der Ladefläche versteckte und bis nach Andalusien abdüste. „Wahnsinn!", fand er.

Paula wandte ein, dass Kea gar nicht gewusst haben musste, wohin der Lastwagen fuhr. „Vielleicht dachte sie nur an eine abenteuerliche Spritztour, hatte sich vorgenommen, am nächsten Parkplatz auszusteigen, eine Zeit lang ganz für sich zu sein, um dann abends wieder zurückzufahren."

„Und wieso tat sie es nicht?", fragte sich Myrte.

Hier hatte Matze die Antwort parat: „Vielleicht kam sie nicht aus dem Lastwagen heraus? Man bekommt die Türen nur von außen auf!"

Paula sprang auf. „Das ist es!" Sie war sich plötzlich ganz sicher. Sie fühlte es. Genau so musste es gewesen sein! „Wer weiß, wann die aus dem Lastwagen herausgekommen ist!"

Myrte schlug die Hände vor dem Kopf zusammen. „Mein Gott, Kea irrt jetzt sonst wo herum!"

Matze dachte nach. „Auf jeden Fall müssen die Zeugen, die Kea im Treppenhaus von der toten Alten gesehen haben wollen, gelogen haben!"

Paula und Myrte nickten.

„Es wäre doch interessant, herauszubekommen, wer die Zeugen sind und weshalb sie gelogen haben, oder?", fragte Matze.

Kein Widerspruch in der Runde. Damit war die Sache beschlossen. Die drei nahmen sich vor, Kea zu helfen. Der erste Schritt dazu war, die Zeugen zu finden.

Feinde

Clarissa war unwohl bei der Sache. Schlimm genug, dass die Alte abgekratzt war. Natürlich war sie dankbar für Ladys Idee, den Mord, den die Polizei untersuchte, der verschwundenen Niggerschlampe in die Schuhe zu schieben. Die lag vermutlich selbst schon irgendwo und moderte vor sich hin und würde sich nie verteidigen können. Aber das genügte doch. Clarissa sah nicht ein, wozu diese neue Aktion noch notwendig war.

„Halt 's Maul, Dumm-Kuh!", hatte Lady ihren Einwand abgebügelt. „Wegen dir machen wir schließlich das ganze Theater. Also quengle nicht und mach hinne!"

„Wenn uns jemand sieht?", war Clarissas letzter, zaghafter Einwand. Sie wusste, dass er nichts bewirken würde. Sie erntete nur Gekicher von Perle und Big.

Lady blieb am Treppenabsatz stehen.

Perle und Big bewachten die beiden Wohnungstüren der Nachbarn auf derselben Etage, indem sie ihre Hände vor die Türspione hielten.

Clarissa schüttelte die Spraydose noch einmal kräftig und sprühte mit roter Farbe an die Haustür von Keas Mutter.

Lady ließ ihr nicht viel Zeit.

„Fertig?", rief sie schon.

„Gleich!", antwortete Clarissa. Und zehn Sekunden später: „Okay!"

Lady tippelte die letzten Stufen hinauf, um Clarissas Werk zu überprüfen. Sie blieb stehen, besah sich den Schriftzug, stützte erst die Hände in die Hüften, schlug Clarissa dann kräftig auf den Hinterkopf und fuhr sie an: „Bist du eigentlich zu allem zu blöd, du Schlampe?"

Clarissa zuckte zusammen. Was hatte sie nun schon wieder falsch gemacht?

„Lies das vor, Blöd-Kuh!"

„MÖRDERIN!"

las Clarissa.

Schon hatte sie wieder eine sitzen. Lady hatte das zweite Mal zugeschlagen.

Lang und gedehnt, las nun Lady das Wort vor, das Clarissa groß und rot an die Haustür gesprüht hatte:

„MÖHRDERIN!

Mann, das schreibt man nicht mit H, du dumme Gans! Denkst du, das hat was mit Möhren zu tun oder was?"

Perle und Big wurden erst jetzt auf den Fehler aufmerksam. Ohne Ladys Hilfe hätten sie ihn nicht bemerkt. Das hinderte sie nicht, Clarissa auszulachen.

„Mit Möhren! Geil!", trug Big bei und die anderen wussten, dass sie schon wieder an das dachte, was ihr den Spitznamen eingehandelt hatte.

„Los, weg hier!", befahl Lady. Die vier rannten die Treppe hinunter auf die Straße.

Noch eine halbe Stunde lang musste sich Clarissa von Lady Vorwürfe über ihren Rechtschreibfehler anhören. Erst als Lady sich halbwegs beruhigt hatte, sagte sie den anderen: „Egal. Trotz unserer Dumm-Kuh hier wird es genügen, das Gespräch über die Negerschlampe am Kochen zu halten. Morgen können wir uns wohl wieder darauf konzentrieren, ein bisschen Kohle zu machen. Dabei hast du was gutzumachen, Dumm-Kuh!" Clarissa wusste: Der nächste Tag würde kein guter Tag für sie werden.

Weg nach Hause

Kea war am Ende. Statt ihre Mutter anzurufen und sich abholen zu lassen, war sie nach der Rundfunkmeldung zurück in den Wald geflohen und hatte dort eine weitere furchtbare Nacht hinter sich gebracht. Geschlafen hatte sie kaum, dafür gefroren und gezittert vor Kälte und Angst. Der Hunger wurde immer schlimmer. Sie wusste nicht, wie lange sie schon nichts mehr gegessen hatte. Es war auf jeden Fall zu lange. Sie fühlte sich schmutzig, die Kleidung klebte am Körper, der Kopf juckte und auch die Hände hatte sie im Bächlein nur dürftig säubern können. Von einer Sekunde auf die nächste war sie von einer Ausreißerin zu einer flüchtigen Verbrecherin geworden; gesucht wegen Mordes!

Wie konnten die so etwas behaupten? Wenn es gestern im Radio gemeldet wurde, stand es heute vermutlich in allen Zeitungen! Was würde ihre Mutter dazu sagen? Konnte sie einfach so wieder zurück nach Hause kommen?

Die Polizei würde sie verhaften. Was immer ihr vorgeworfen werden würde, sie hatte damit nichts zu tun. Ihr Gewissen war rein, aber genügte das der Polizei? Wurden nicht immer wieder Unschuldige verurteilt? Brauchte man nicht einen guten Anwalt, um seine Unschuld zu beweisen? In Kinofilmen war es so. Kea konnte es sich nicht leisten, den Wahrheitsgehalt solcher Filme zu testen. Ihre Mutter besaß nicht viel Geld. Zu wenig für einen Anwalt. Sie würde sich nicht dagegen wehren können und unschuldig im Gefängnis landen. Vielleicht für immer. Gab es für Mord nicht lebenslang?

Die ganze Nacht war sie diesen Gedanken nicht losgeworden. Und noch immer beschäftigte er sie. Tränen liefen ihr über die Wangen. Sie vergrub den Kopf in die Hände. Wie konnte sie nur in diese Lage gekommen sein? Sie hatte einen Fehler begangen, ja; sie hätte nicht abhauen dürfen. Sie wusste das und war bereit, sich dafür bei ihrer Mutter zu entschuldigen. Aber deshalb durfte man sie doch nicht als Mörderin jagen! Wie war es dazu gekommen? Was wäre gewesen, wenn sie zu Hause geblieben wäre? Vermutlich hätte sie für die Tatzeit ein Alibi gehabt. Irgendwelche Zeugen hätte es bestimmt gegeben: ihre Mutter, Nachbarn, Mitschüler. Irgendwer hätte sie doch während der Tatzeit gesehen, wann immer diese gewesen war. So aber hatte sie die Zeit allein im Lastwagen und im Wald verbracht. Seit sie fortgelaufen war, hatte sie niemand mehr gesehen! Und damit kam sie für jeden Mord infrage, der in dieser Zeit geschehen war!

Es passte ja auch ganz logisch zusammen: Eine Frau wurde umgebracht und von dem Moment an wurde Kea vermisst. Was lag da näher, als einen Zusammenhang und eine Flucht zu vermuten?

Kea weinte und schluchzte. Sie saß in der Zwickmühle. Denn es gab nur eine Möglichkeit: Sie musste so schnell wie möglich zurück nach Hause. Auf der ganzen Welt gab es keinen anderen Menschen, der ihr in dieser Lage besser hätte helfen können als ihre Mutter.

Doch wenn sie nach Haus ging, würde die Polizei sie sofort schnappen und einsperren!

Leider schlossen sich die beiden Gedanken, die jeder für sich völlig logisch waren, aus. Womit Kea wieder am Anfang stand. Was sollte sie also tun?

Ein Auto kam auf den Parkplatz gefahren. Kea sah, wie die Familienlimousine parkte. Sie blieb in Deckung, ließ den Wagen aber nicht aus den Augen. Vielleicht hatte die Familie schon Zeitung gelesen und würde sie erkennen?

Der Vater stieg auf der Fahrerseite aus und reckte sich. Die Mutter auf der Beifahrerseite ließ die Kinder heraus. Ein Junge, vielleicht fünf Jahre alt, und ein Mädchen, höchstens ein Jahr älter. Vermutlich noch nicht im Schulalter, sonst wären sie um diese Zeit nicht hier auf dem Parkplatz.

Der Junge hatte einen selbst geschnitzten Spazierstock in der Hand, mit dem er vor sich herumfuchtelte und offensichtlich einen Gegner zum Fechten suchte. Das Mädchen tat nichts.

Die Mutter ermahnte den Jungen; er zog eine Flappe. Der Vater ging voran in den Wald. Im Gänsemarsch zuckelte die Familie hinterher.

Auf der ganzen Welt gibt es keinen Familienausflug ohne etwas Essbares, glaubte Kea. Da aber niemand der vier einen Fresskorb oder etwas Ähnliches in der Hand trug, gab es nur eine Erklärung: Die Familie hatte die Lebensmittel im Wagen gelassen, um sie später zu essen.

Kea wartete, bis die Familie an ihr vorbeigezogen und im Wald verschwunden war. Dann schlich sie sich an deren Wagen heran. Erst nachdem sie sich vergewissert hatte, dass sonst niemand mehr auf dem Parkplatz war, wagte sie einen Blick durch die Seitenscheibe hinein. Wie sie es sich gedacht hatte: Auf dem Rücksitz stand eine Kühltasche. Bestimmt prall mit leckeren Lebensmitteln gefüllt!

Natürlich war der Wagen abgeschlossen. In ihrem Stadtteil gab es zweifelsohne eine Menge Jugendliche, für die eine abgeschlossene Autotür überhaupt kein Problem dargestellt hätte. Kea gehörte nicht zu ihnen. In diesem Moment bedauerte sie es. Sie überlegte, wie die das wohl anstellten, eine Autotür in Sekundenschnelle zu knacken. Schnell gab sie ihre Überlegung auf. Entweder man hatte so etwas geübt oder eben nicht. Kea hatte es nicht und damit blieb ihr nur eine Möglichkeit, an die Tasche heranzukommen.

Sie zögerte, ob sie es tun sollte. Sie war keine Einbrecherin, keine Diebin. Alles in ihr sträubte sich, so etwas zu tun. Andererseits drängte sie der Hunger. Sie hatte kein Geld bei sich. Sie konnte auch nicht auf die Familie warten, um zu fragen, ob sie etwas abbekommen würde. Das Risiko war zu groß. Schließlich wurde sie von der Polizei gesucht. Was also sollte sie anderes tun, um ihren Hunger zu stillen?

Kea verließ den Parkplatz Richtung Wald, um nach einem großen Stein zu suchen. Es dauerte nicht lange, bis sie den richtigen gefunden hatte, und sie kehrte zum Familienwagen zurück. Noch einmal überlegte sie, ob sie es wirklich tun sollte. Dann holte sie aus und warf den Stein mit voller Wucht gegen die Seitenscheibe des Wagens. Es knallte, aber die Scheibe hielt!

Erschrocken sah Kea sich um. Zum Glück hatte sie niemand gesehen oder gehört.

„Verdammt!", fluchte Kea. So schwer hätte sie es sich nicht vorgestellt. Sie würde doch wohl noch eine Autoscheibe zertrümmern können!

Sie unternahm einen zweiten Versuch. Wieder schleuderte sie den Stein mit aller Wucht gegen die Scheibe. Wieder hielt sie.

„Scheiße!", schrie Kea und ging sofort in Deckung. Hatte sie diesmal jemand gesehen?

Offenbar nicht.

Beim dritten Mal nahm Kea Anlauf. Wie beim Schlagballwerfen rannte sie auf den Wagen zu, holte aus und schmetterte den Stein gegen die Scheibe.

Diesmal klappte es. Unter lautem Krachen zersplitterte die Scheibe wie das Eis einer Pfütze, fiel aber noch immer nicht aus der Fassung heraus. Sie hielt sich am seidenen Faden und sah nun aus wie ein Spinnennetz, das die gesamte Scheibe überzog. Aber Kea benötigte den Stein nicht mehr. Ein gezielter Fußtritt gegen die schwächste Stelle der Scheibe genügte und sie fiel in sich zusammen. Der Weg zur Tasche war frei.

Kea öffnete die Tür, holte die Kühltasche heraus und wollte sofort abzischen in den Wald, als sie plötzlich stehen blieb.

Wennschon, dennschon!, dachte sie sich.

Hastig durchsuchte sie das Handschuhfach und hatte Glück. Die Mutter hatte ihr Portemonnaie darin liegen lassen. Kea schnappte es sich, rannte so schnell sie konnte in den Wald und versteckte sich hinter dem ersten großen Busch.

Sie war wirklich zu einer Räuberin geworden.

Hilfe

Den Tapferen hilft das Glück, lautet ein Sprichwort. Matze wusste nicht, ob er zu den Tapferen gehörte. Er wusste nicht einmal, weshalb er sich für das fremde schwarze Mädchen engagierte. Vielleicht, weil er spürte, dass ihr ein Unrecht geschah, vielleicht nur, um den Kontakt zu Paula nicht zu verlieren, die ihm sehr gefiel.

Ob tapfer oder nicht. An diesem Abend jedenfalls hatte er das nötige Quäntchen Glück.

Als er nach der Besprechung mit Paula und Myrte nach Hause fahren wollte, bemerkte er, dass er den Schlüssel für sein Mofa-Schloss in der Tasche seines Supermarkt-Kittels vergessen hatte. Oft hatte er sich über die verlängerten Ladenschlusszeiten geärgert, diesmal war er froh. Der Supermarkt hatte noch geöffnet und er konnte seinen Schlüssel holen.

Freundlich grüßte er den Filialleiter, der ihn verdutzt fragte, was Matze an seinem freien Nachmittag im Geschäft wollte.

Matze erklärte es ihm, machte sich auf zum Hinterraum, um seinen Kittel aus der Garderobe zu holen. Auf der Höhe der sauren Gurken hörte er plötzlich eine Stimme, die ihn abrupt stoppen ließ.

„Hat dich die Polizei schon wegen der Negerschlampe befragt?", zischte die Stimme.

Matze horchte, steckte sein linkes Ohr zwischen die Gurkengläser und wusste, die Stimme kam aus dem Parallelgang: Nudeln, Tomatenmark und Reis.

Vorsichtig schob er die Gurkengläser auseinander, damit sein Kopf besser dazwischenpasste. So konnte er die Stimmen aus dem Nebengang besser verstehen.

„Ja, sicher!", antwortete eine ängstliche Stimme, die einem Jungen zu gehören schien.

„Und?", fragte die erste Stimme.

Der Junge versicherte, dass er alles gesagt hatte, was verabredet gewesen war.

„Und wie war es verabredet?", vergewisserte sich die erste Stimme.

Der Junge sagte es brav auf.

„Du weißt, was passiert, wenn du die Aussage änderst, oder?"

Der Junge stieß einen kurzen Schmerzensschrei aus, versicherte dann, dass er es wüsste.

„Okay!", sagte die erste Stimme.

Matze verstand, wie die Aussagen, Kea sei am Tatort gewesen, zustande gekommen waren. Er musste jetzt nur noch wissen, wer die falschen Aussagen eingefädelt hatte. Dazu brauchte er lediglich einen Gang weitergehen und ...

„Was machst du denn da in den Gurken?"

Matze erschrak, zuckte zurück, hätte beinahe mit dem Kopf zwei Gläser aus dem Regal gerissen, konnte sie gerade noch auffangen und sah dem Filialleiter in die Augen.

Matze spürte, wie sein Kopf rot anlief. Ihm fiel auf die Schnelle keine Ausrede ein. Selbst bei längerem Nachdenken wäre ihm keine plausible Begründung eingefallen, was man mit dem Kopf im Gurkenregal zu suchen hatte. Es sei denn, man spionierte gerade jemanden aus. Aber das konnte er seinem Chef unmöglich erzählen.

Obwohl ...

Wieso eigentlich nicht?

Matze hatte eine Idee, wie er mehrere Fliegen mit einer Klappe schlagen konnte.

Geheimnisvoll legte er den Zeigefinger auf seinen Mund. „Pst!", flüsterte er. „Ich glaube, im Gang hinter dem

plausibel einleuchtend, verständlich

Regal klaut jemand etwas. Ich dachte, von hier aus könnte ich es sehen!"

Die Stimmung des Filialleiters wechselte abrupt von skeptischer Neugier in tatenfrohe Aufmerksamkeit.

„Tatsächlich?", fragte er zurück. „Den schnappen wir uns!"

„Ich glaube, es ist ein Mädchen!", präzisierte Matze. Das fehlte noch, dass sein Chef einem Unbeteiligten auflauerte.

Sein Chef zeigte an, in welcher Richtung er ums Regal herumgehen wollte und in welche Matze gehen sollte.

Matze bekam sofort ein flaues Gefühl im Magen. Hoffentlich hatte er jetzt nicht einen Fall inszeniert, den er nicht mehr in den Griff bekam. Andererseits: Wenn sein Plan aufging, dann würde er nicht nur wissen, wer wen zu einer Polizeiaussage gegen Kea erpresst hatte, sondern sein Filialleiter würde ihm sogar noch Namen und Adresse der Personen liefern.

Matze ging betont langsam, damit sein Chef die Verdächtige vor ihm erreichte. Als er im Gang ankam, stand sein Chef schon bei ihnen: ein schmächtiger Junge und ein Mädchen.

Oh Scheiße!, dachte Matze bei sich. Er erkannte sofort, wen er vor sich hatte: Es war „Big" von den Prinzessinnen. Einerseits wunderte es ihn nicht, dass die Prinzessinnen hinter einer Sauerei wie einer manipulierten Zeugenaussage steckten, andererseits hätte er sich gewünscht, sich nicht ausgerechnet mit der berüchtigten Mädchenbande anlegen zu müssen. Allen, die das bisher getan hatten, war es nicht gut bekommen. Das war bekannt im Stadtteil. Doch jetzt konnte Matze nicht mehr zurück. Langsam näherte er sich der Dreiergruppe. Sein Chef winkte ihm schon eifrig zu. Bigs Blick durchbohrte ihn. Schlank, sportlich und wendig wirkte sie. Bestimmt eine, die blitzschnell zuschlagen konnte und auch nicht zögern würde, dies zu tun.

„Wollen doch mal sehen, was die Herrschaften so bei sich tragen!", sagte der Filialleiter.

„Haben sie dir ins Gehirn gepisst?", pflaumte Big den Filialleiter an.

Matze sah sie erschrocken an. Noch nie hatte es jemand gewagt, so mit seinem Chef zu sprechen.

„Was heißt hier *Herr*schaften. Bist du blind? Das sieht doch wohl jeder, dass ich kein Schwanzträger bin!"

Matzes Chef schnappte nach Luft. „Ab nach hinten!", stieß er entrüstet aus.

Big rührte sich nicht von der Stelle. „Sag mal, Meister, bist du bekloppt? Guck dich mal um! Meinst du, ich klaue hier 'ne Dose Würstchen oder was?"

Matze vermied es, sie zu korrigieren. In diesem Gang gab es keine Würstchen, aber was spielte das jetzt schon für eine Rolle?

„Das wird die Polizei feststellen!", stotterte der Filialleiter. „Matthias, ruf bitte die Polizei!"

Matze nickte.

Wieder trafen ihn Bigs tödliche Blicke. „Hab ich den Scheiß hier dir zu verdanken, Wurstgesicht?"

Matze sah auf seine Schuhspitzen, wandte sich um und rannte zum Telefon.

„Freu dich auf Feierabend!", gab Big ihm mit auf den Weg.

Nach Hause

Es war ein herrliches Gefühl, endlich wieder etwas essen zu können. Sie konnte sich nicht erinnern, ein Essen je so genossen zu haben. Obwohl das schlechte Gewissen an ihr nagte, biss sie herzhaft in die eroberten Buletten und das frische Brot. Sie erinnerte sich, wie viele Menschen auf dieser Erde täglich um ihr Essen kämpfen mussten. Ihr Vater hatte oft davon erzählt. Zig Millionen Menschen hatten nicht genug zu essen. Was würden die darum geben, wenn sie es so leicht hätten wie sie, die nur das nächste Auto hatte aufbrechen müssen, um ihren Hunger zu stillen!

Dennoch: Es durfte keine Entschuldigung sein für den Einbruch, den sie begangen hatte. Aber was hätte sie sonst tun sollen? Während sie aß, wurde ihr bewusst, dass ihr Leben nicht so weitergehen konnte. Im Wald zu schlafen, aus Bächen zu trinken und sich die nötigen Lebensmittel zusammenzustehlen, das konnte man zwei Tage machen, vielleicht auch eine Woche, aber dann? Sie konnte nicht wochen- oder gar monatelang so weiterleben. Sie musste eine Lösung finden. Je mehr sie darüber nachdachte, desto bewusster wurde ihr, dass sie allein ihr Problem nicht lösen konnte. Sie konnte nicht auf die Hilfe ihrer Mutter verzichten. Sie musste nach Hause. Aber wie sollte sie dorthin kommen? Vielleicht würde es genügen, sich einfach bei der nächsten Polizeistation zu melden? Die Polizei würde sie dann schon nach Hause bringen. Vielleicht!

Und wenn nicht?

Vielleicht beförderte die Polizei sie, die gesuchte Mörderin, auch gleich ins nächstbeste Jugendheim oder gar ins Jugendgefängnis? Kea wusste es nicht, aber wie sollte sie dann zu ihrer Mutter kommen? Sie beschloss, kein Risiko einzugehen. Sie musste allein nach Hause finden. Immerhin war sie allein bis hierher gekommen, also konnte sie es auch schaffen, allein zurückzukehren.

Ein Lastwagen hatte sie hierher gebracht, warum sollte sie ein Lastwagen nicht wieder nach Hause zurücknehmen? Aber woher sollte sie wissen, wohin die Lastwagen fuhren? Sie wusste nicht einmal, welche der beiden Fahrtrichtungen die richtige zu ihr nach Hause war. Nicht einmal per Anhalter zu fahren kam deshalb in Frage, weil sie sich vielleicht auf die falsche Straßenseite gestellt hätte. Es gab nur eine Möglichkeit, von hier fortzukommen: Sie musste die Autofahrer, die in ihre Wagen einstiegen, einzeln befragen.

Das war der nackte Irrsinn! Sie wurde gesucht! Vielleicht war ihr Foto in der Zeitung abgedruckt, millionenfach! Sie hatte auf diesem Parkplatz gerade ein Auto aufgebrochen, Geld und Lebensmittel gestohlen. Da konnte sie schlecht über den Parkplatz spazieren und die Leute befragen: „Guten Tag, ich werde wegen Mordverdachts gesucht. Können Sie mich ein Stück mitnehmen?"

Zurück durch den Wald zu gehen, erschien ihr ebenso sinnlos. Sie wusste die Richtung nicht, hatte sich im Wald komplett verlaufen und war froh gewesen, überhaupt wieder auf Menschen zu treffen. Es würde nicht mehr lange dauern, bis die Familie zurückkam, das aufgebrochene Auto entdeckte und die Polizei rief. Sie wollte dann nicht immer noch hier sitzen. Was also konnte sie tun? Kea wusste es nicht.

Denkzettel

Big berichtete von ihrem Erlebnis im Supermarkt.

Perle spuckte auf den Boden. „Geil, ey. Würstchen geklaut! Auf die Idee muss man erst mal kommen. Wofür hält der uns?"

„Wir sollten mal etwas Richtiges bei dem klauen. Die Kasse oder so", pflichtete Big bei. „Damit der weiß, wer wir sind!"

Bigs Schmach war nicht Ladys Problem. Sie sah ein anderes: „Der Lehrling hat dich verpfiffen?"

Big nickte: „Hat der alte Pisskopf noch stolz erwähnt: *Unser aufmerksamer Azubi!*"

„Und die Bullen?", fragte Clarissa nach.

Sie erntete gelangweilte Gesichter.

„Was schon?", antwortete Big. „Nichts gefunden natürlich. Also Banane!" Sie zog mit der Hand ihre Nase scheinbar lang.

„Wir dürfen das nicht einreißen lassen!", sagte Lady. „Wo kommen wir hin, wenn jeder Affenarsch glaubt, uns anpissen zu können?"

Perle und Big stimmten eifrig zu. „Da ist ein Denkzettel fällig!"

Die drei sahen Clarissa an.

Sie zuckte mit den Schultern. „Klar!", sagte sie schnell, ohne zu wissen, worauf sie sich gerade einließ. Ihre Gedanken waren ganz woanders gewesen.

Kurz bevor er schloss, standen die vier Prinzessinnen vor dem Supermarkt. Lady gab Perle per Kopfnicken den Befehl: „Geh du!"

Perle ging, erschien kurz darauf wieder: „Ausgeflogen. Hat heute seinen freien Nachmittag!"

Lady öffnete den Mund, stützte die Hände in die Hüften. „Was?"

Perle wiederholte, was sie im Supermarkt erfahren hatte.

„Das miese, kleine Arschloch hat frei und dann nichts Besseres zu tun, als Big hinterherzuschnüffeln und sie anzuscheißen?"

„Der kann was erleben!", stieß Big aus.

„Der wird froh sein, wenn er bald überhaupt noch was erleben kann!", bekräftigte Lady.

Clarissa zuckte bei dieser Androhung zusammen. Aber sie schwieg.

Konfrontation

Je mehr sie erfuhren, desto undurchsichtiger wurde Keas Verschwinden für Paula. Gemeinsam mit Myrte und Matze saß sie auf dem Kinderkarussell eines Spielplatzes im Hinterhof und ging Punkt für Punkt noch mal durch, was sie wussten. Myrte schrieb auf, was sie zusammentrugen:
- Kea wird von den Prinzessinnen bedroht.
- Paula sieht Kea in den Supermarkt hineingehen, aber nicht mehr hinauskommen.
- Seitdem gilt Kea als vermisst.
- Kurz darauf wird eine alte Frau in der Nachbarschaft tot aufgefunden. Vermutlich ermordet!
- Plötzlich tauchen Zeugen auf, die behaupten, Kea im Treppenhaus der Ermordeten gesehen zu haben.
- Einer der Zeugen ist ein kleiner, schmächtiger Junge.

„Er heißt Luca!", steuerte Matze bei. „Hier sein vollständiger Name und seine Adresse!"

Myrte notierte es.

Dann setzten sie fort:
- Luca wird im Supermarkt von einer der Prinzessinnen bedroht.
- Die Zeugen sagen also etwas aus, was die Prinzessinnen ihnen befohlen haben.

„Das heißt ...", fasste Paula zusammen. Als sie es aussprechen wollte, wurde ihr erst bewusst, was die logische Schlussfolgerung all dessen war, was sie herausgefunden hatten. „Das heißt ja, die Prinzessinnen ..."

„... haben die alte Frau umgebracht und schieben es jetzt Kea in die Schuhe!"

„Oder Kea musste im Auftrag der Prinzessinnen zur alten Frau?" Auch dies hielt Matze für möglich.

Im Gegensatz zu Paula. „Das hieße ja, dass Kea tatsächlich für den Tod der Alten verantwortlich wäre. Das glaube ich nicht! Wenn Kea auf Befehl der Prinzessinnen gehandelt hätte, würden die ihr nicht durch falsche Zeugen die Polizei auf den Hals hetzen!"

„Stimmt auch wieder!", gab Matze zu. „Also soll Kea für die Prinzessinnen den Kopf hinhalten!"

„Auweia!", stieß Myrte aus. Sie waren dabei, einen echten Mordfall aufzuklären! „Wir müssen auf jeden Fall sofort zur Polizei!"

Paula und Matze nickten zustimmend.

„Das würde ich euch nicht raten!"

Matze, Myrte und Paula fuhren herum.

Hinter ihnen standen die vier Prinzessinnen in Kampfmontur. Sie trugen schwere Springerstiefel, ultrakurze Pants, knappe Tops, fingerfreie Handschuhe, wie sie Radfahrer oder Bodybuilder bevorzugten. Sie sahen aus, als ob sie sich als Doubles für Lara Croft bewerben wollten. Dort, wo das Computerspiel- und Filmvorbild Holster trug, baumelten bei den vieren schwere Fahrradketten und Gummiknüppel am Gürtel. Über die Handschuhe der rechten Hand hatten sie Schlagringe gezogen, die linken Hände spielten mit etwas, von dem nur Matze wusste, was es war: Nunchakus! Zwei mit einer kurzen Kette verbundene Hölzer, die mit entsprechender Übung als Schlag- und Würgwaffe mit tödlicher Präzision benutzt werden konnten. Schon der Besitz dieser Waffe war in Deutschland verboten, ebenso wie der Besitz eines Schlagringes – was Matze, Paula und Myrte in diesem Augenblick natürlich auch nichts nutzte.

„Scheiße!", presste Matze hervor.

„Wir müssen weg hier!", flüsterte Myrte Paula zu.

Der Hinweis war überflüssig. Paula hatte nichts anderes gedacht.

Die vier Prinzessinnen hatten sich allerdings schon im Quadrat um die drei aufgestellt. An jedem Eckpunkt stand eine Prinzessin und ließ das Chaku bedrohlich baumeln. Obwohl es sehr viel Geschick und Übung brauchte, um mit den Chakus umgehen zu können, hegte Matze keinen Zweifel, dass die vier es beherrschten.

„Weglaufen nützt nichts!", warnte Lady die drei. „Wir kriegen euch. Wenn nicht heute, dann morgen. Oder nächste Woche. Irgendwann. Ihr entkommt uns nicht. Besonders dann nicht, wenn ihr vorhabt, mit den Bullen zu quatschen!"

„Haben wir nicht!", beteuerte Myrte sofort.

„Ach nein?", fragte Lady hämisch nach und ging einen weiteren Schritt auf die drei zu. „Und das Wurstgesicht da?" Sie zeigte auf Matze, dem das Herz in die Hose rutschte. „Hat der nicht gerade im Supermarkt meiner Freundin die Bullen auf den Hals gehetzt?"

„Nein!", verteidigte sich Matze. „Das war ein Missverständnis!"

„Geil!", kicherte Big. Ihr Lachen klang, als ob man eine Ziege erwürgte. „Missverständnis! Der hält uns wohl für bescheuert."

Lady beugte sich vor, packte Matze fest in den Haaren. „Ist das so, Wurstgesicht? Hältst du uns für bescheuert?"

„Nein! Nein!", versicherte Matze.

„Lasst ihn los. Er hat euch nichts getan!", ging Paula dazwischen.

Lady schaute Paula an, ohne Matze loszulassen. „War was, Schlampe?"

Paula bemerkte, wie das Mädchen, das sich Perle nannte, näher an sie heranrückte. Gleich würde sie ebenso gepackt werden wie Matze. Paula musste jetzt handeln oder nie. Sie wollte es, aber ihr fehlte der Mut. Was, wenn es nicht gelang? Aber wenn sie weiter hier untätig herumsaßen, würden sie auch nicht geschont werden. Die vier Prinzessinnen waren gekommen, um Ärger zu machen. Sie hatten sich nicht umsonst so in Kampfmontur geschmissen. Man konnte machen, was man wollte, die wollten prügeln. Also gab es nur noch die Chance, sich zu wehren.

Paula hatte richtig getippt. Schon streckte Perle ihre Hand aus, um Paula ebenso in den Haaren zu reißen, wie Lady es noch immer bei Matze tat.

Die Hand hatte sie noch nicht erreicht.

Jetzt oder nie!, dachte Paula.

Sie griff in den Boden, nahm sich eine Handvoll Sand und schleuderte sie Perle ins Gesicht.

Perle sprang schreiend einen Schritt zurück, hielt sich die Augen, fluchte.

Paula sprang auf.

„Weg hier!", rief sie, verpasste Perle einen Tritt, nutzte den frei gewordenen Raum und rannte los.

Myrte schaltete schnell. Noch ehe eine der beiden anderen Prinzessinnen sie greifen konnte, folgte sie ihrer Freundin.

Matze zuckte, doch Lady hielt ihn fest im Griff.

„Schnappt euch die Schlampen!", befahl sie.

Big und Clarissa liefen Paula und Myrte hinterher, die um ihr Leben rannten.

Raus aus dem Hof. Hinaus auf die Straße. Hinüber auf die andere Seite.

Die beiden Prinzessinnen dicht im Nacken.

Durch die parkenden Autos hindurch.

Weiter.

Wohin?

Paula fiel nicht ein, wohin sie laufen konnte, um sich zu verstecken.

„Dort entlang!", rief ihr Myrte zu, die nur zwei, drei Meter hinter ihr lief.

Myrte zeigte auf das Einkaufszentrum.

Natürlich! Der Supermarkt!

Dort gab es den Filialleiter, der Big Hausverbot erteilt und die Polizei gerufen hatte. Der würde ihnen sicher wieder helfen. Besonders wenn er erfuhr, dass die Prinzessinnen Matze in der Gewalt hatten. Sie konnten nur hoffen, rechtzeitig den Supermarkt zu erreichen, bevor die beiden Prinzessinnen sie eingeholt hatten. Die beiden waren verdammt schnell und holten auf. Sie waren einfach älter. Es war wie ein Wettlauf unterschiedlicher Klassenstufen. Natürlich würden die Älteren gewinnen. So ein Wettlauf war unfair, doch wer fragte jetzt nach Fairness? Wenn sie sich einholen ließen, waren sie fällig.

„Schneller!", keuchte Paula. „Schneller!"

„Kann ich nicht!", hechelte Myrte. Trotzdem versuchte sie, noch einmal zu beschleunigen.

Vor dem Eingang des EZ standen die üblichen Obdachlosen. Einer zu sehr im Weg. Paula stieß ihn um. Er taumelte, kreuzte Myrtes Weg. Auch sie stieß ihn hart an, schubste ihn beiseite. Er wankte und fiel den Prinzessinnen vor die Beine.

Clarissa stürzte. Dahinter folgte Big. Sie bremste ab. „Weg da, Arschloch!" Ohne Vorwarnung trat sie zu. Direkt in den Magen des Mannes. Er krümmte sich vor Schmerz. Seine Kumpels schrien auf vor Empörung.

Clarissa hatte sich aufgerappelt. Voller Wut betrachtete sie ihr aufgeschürftes Knie, holte mit dem Chaku aus und verpasste dem Erstbesten, der sich ihr in den Weg stellen wollte, einen heftigen Schlag auf die Nase.

Der Mann sackte zusammen. Blut strömte über sein Gesicht. Seine Kumpels kümmerten sich um ihn.

Big und Clarissa liefen weiter.

Die Obdachlosen riefen nach der Polizei.

Doch niemand kümmert sich darum, wenn betrunkene Obdachlose um Hilfe rufen.

Paula und Myrte hatten den Supermarkt erreicht.

Er hatte bereits geschlossen, doch innen war noch Licht.

Myrte und Paula knallten gegen die Scheibe, trommelten dagegen, als wollten sie die Fenster kaputt schlagen.

Wild gestikulierend, kam ihnen der Filialleiter entgegen.

„Aufmachen! Aufmachen!", schrie Paula.

Der Filialleiter tippte auf seine Uhr.

„Schon geschlossen!", las Paula von seinen Lippen ab. „Aufmachen!", schrie sie erneut und stieß mit den Füßen gegen die Scheibe.

Myrte schaute sich um.

Big und Clarissa waren nur noch wenige Meter entfernt. Keine zwanzig Schritte, schätzte sie.

Plötzlich spürte sie eine Hand auf ihrer Schulter. Myrte

wandte sich um und sah zwei Wachmännern von der EZ-Wachmannschaft in die Augen.

„Gott sei Dank! Gerettet!", sagte sie.

Rettung

Keas Rettung kam unverhofft. Sie bemerkte den Wagen nicht, der auf den Parkplatz fuhr. Sie saß auf dem Bordstein, hatte den Kopf in den Händen vergraben und dachte über ihre ausweglose Situation nach. Sie hob ihn erst, als sie angesprochen wurde: „Probleme?"

Vor ihr stand eine schlanke, noch recht jung aussehende Frau in bunt bemalten Hosen, schlabberigem T-Shirt und wilden, verfilzten Haaren, die teilweise zu Rastalöckchen geflochten waren. Im Mundwinkel steckte eine selbst gedrehte Zigarette.

„Nein!", antwortete Kea.

„Machst aber den Eindruck!", gab die Frau zurück.

Kea antwortete nicht. Sie konnte der fremden Frau unmöglich ihre Probleme auf die Nase binden. Und sich eine Geschichte auszudenken, weshalb sie allein hier auf dem Bordstein saß, dazu war Kea nicht in der Lage. Sie war nicht schlagfertig genug. Es bereitete ihr schon genug Probleme, sich überhaupt mit der fremden Frau zu unterhalten. Andererseits würde sicher bald die Familie zurückkehren und das aufgebrochene Auto sehen. Wenn sie dann immer noch hier säße, würde sie von denen angesprochen werden. Dann schon lieber diese fremde Frau, die überhaupt nicht böse aussah.

„Wo sind denn deine Eltern?", fragte die Frau und blickte sich um. Außer Kea war niemand auf dem Parkplatz.

Kea schwieg und zuckte mit den Schultern.

„Im Wald verloren?"

Gute Idee!, fand Kea. Vielleicht sollte sie die Idee aufgreifen und nicken? Und dann? Dann würde die Frau fortfahren und sie würde immer noch hier herumsitzen.

Kea zeigte keine Reaktion.

„Nicht sehr gesprächig, oder?", setzte die Frau nach.

Nein!, dachte Kea. Das war sie nicht. Noch nie gewesen. Und das war auch ihr Problem. Gespräche mit anderen Menschen endeten immer auf diese Weise. Auch diese Frau würde sich gleich Schulter zuckend von ihr abwenden, sich denken, es versucht zu haben, sich nicht weiter um sie kümmern und dann würde Kea nur noch das bleiben, was ihr immer blieb: allein dazusitzen und traurig zu sein.

Doch die Frau handelte anders. Zu Keas Überraschung hockte sich die Frau direkt neben sie auf den Bordstein, zog an ihrer Zigarette, blies den Rauch langsam hoch in die Luft und sagte nichts.

Kea hob leicht den Kopf, betrachtete die Frau aus den Augenwinkeln.

Sie schwieg.

Kea betrachtete wieder ihre Fußspitzen.

Plötzlich kam eine Frau aus dem Toilettenhäuschen heraus und hinzu. Offenbar die Freundin der ersten.

„Was ist?", fragte sie.

Die Frau, die neben Kea hockte, antwortete: „Das Mädchen hier ...", sie zeigte auf Kea, „... ist offenbar von zu Hause abgehauen, weiß nicht mehr weiter und mag auch nicht darüber reden."

Kea war geschockt. Woher wusste die Frau über sie so gut Bescheid?

Die Frau bemerkte Keas Überraschung und lächelte.

„Mach dir nichts draus. Ich kenne mich mit Jugendlichen

ein bisschen aus. Es ist wirklich nicht schwer, dir anzusehen, dass du allein unterwegs bist, aber die Reise so schnell wie möglich beenden möchtest!"

Keas Leben schien sich vor der Frau ausgebreitet zu haben wie ein offenes Buch.

„Sind Sie Lehrerin?", fragte Kea vorsichtig.

„Weiß Gott nicht!", lachte die Frau.

Ihre Freundin stimmte in das Gelächter mit ein. „Sag nicht, dass Mechthild aussieht wie eine Lehrerin. Dann wird sie sauer!", warnte sie.

„Mechthild?", wiederholte Kea.

„So heiße ich!", sagte die Frau neben ihr. „Und das ist Stefanie. Meine Freundin!"

Kea sah kurz zu Stefanie auf, blickte aber schnell wieder weg. Zu spät. Die befürchtete Frage folgte sogleich: „Und du?"

„Kea!", antwortete Kea ganz leise, sodass die Frauen es unmöglich verstehen konnten. Sie verstanden es trotzdem.

„Kea?", sagte Mechthild. „Schöner Name. Ehrlich gesagt: Mechthild finde ich blöd. Aber was soll man dagegen machen?"

„Einen Spitznamen!", fiel Kea ein. Sie war selbst über sich erstaunt, dass sie so einfach mit den Frauen redete und die noch immer nicht abhauten.

„Gute Idee!", gab Mechthild zu. „Aber alle Spitznamen, die ich bisher bekommen habe, sind noch blöder als Mechthild."

Kea schaute sie an.

Mechthild verzog einen Mundwinkel zu einem Lächeln.

„Keine Chance. Ich werde sie dir nicht aufzählen!"

Ganz beiläufig, als ob sie über ihre ungewaschenen Füße gesprochen hätte oder über eine Regenwolke, jubelte Mechthild ihr die Frage unter: „Woher kommst du?"

Noch ehe Kea kapiert hatte, was das für eine Frage war, hatte sie sie schon beantwortet. Sie hätte sich dafür die Zunge abbeißen können.

„Ganz schön weit weg!", staunte Mechthild. „Seit wann bist du unterwegs?"

Diesmal war Kea besser auf der Hut. Sie schwieg.

„Ist ja auch egal!", wiegelte Mechthild ab. „Auf jeden Fall fahren wir in die richtige Richtung. Willst du ein Stück mitfahren?"

Kea staunte erneut. Sie sah Stefanie an, die ihr aufmunternd zunickte. Kea zögerte. Konnte es eine Falle sein? Ihr fiel nicht ein, worin die bestehen könnte. Sie wusste nur, sie wollte auf keinen Fall länger hier auf dem Parkplatz sitzen bleiben. Vielleicht erwies sich die Bekanntschaft mit den beiden Frauen sogar als Rettung. Nett schienen die beiden jedenfalls zu sein, auch wenn sie ein bisschen zu viel fragten und sogar Dinge über Kea wussten, die sie nicht einmal erzählt hatte. Trotzdem: Eine bessere Chance, hier fortzukommen, würde sich sicher nicht bieten.

„Okay!", sagte Kea schließlich und stieg mit Mechthild und Stefanie in den Wagen ein.

Opfer

In Paulas Stadtteil ging es rauer zu als in anderen. Das war kein Geheimnis. So schockte es sie auch nicht, wenn sie mal eine Schlägerei mitbekam. Schon häufiger hatte sie welche beobachtet. Vor dem EZ ein paarmal, kleinere Kloppereien vor dem Haus der Jugend. Und auch an der Bushaltestelle hatte sie einmal eine Auseinandersetzung miterlebt, die mit einer blutenden Nase endete. Paula war es bis zu diesem Tag immer gelungen, sich aus solchen Streitereien herauszuhalten. Wenn ihr Typen komisch vorkamen, wechselte sie die Straßenseite, und es war sogar schon vorgekommen, dass sie im Winter einen Bus fahren ließ und zwanzig Minuten im Schneeregen auf den nächsten wartete, bloß weil sie nicht mit zwei Jungs in denselben Bus einsteigen wollte, die sie nach dem ersten Augenschein in die Kategorie „brutale Arschlöcher" eingestuft hatte.

An diesem Tag aber war Paula gleich zweimal in solche Auseinandersetzungen verwickelt. Der ersten hatte sie durch die Flucht zum Supermarkt haarscharf entgehen können. Das Ergebnis der zweiten lag nun vor ihr.

Matze krümmte sich auf dem Boden, hielt sich den Magen mit der rechten Hand, röchelte nur. Aus Mund und Nase tropfte Blut. Der linke Arm hing leblos und seltsam verdreht am Körper, als hätte ihn jemand nur darauf abgelegt.

„Oh Gott, Scheiße!", sagte Myrte, beugte sich zu Matze hinab und hielt seinen Kopf in ihrem Arm.

Paula blieb daneben stehen, konnte ihm jetzt direkt ins Gesicht schauen. Seine Verletzungen waren offenbar noch schlimmer, als sie im ersten Moment geglaubt hatte. Das ganze Gesicht war blutverschmiert. Ein halber Schneidezahn schien ihm zu fehlen.

Verzweifelt sah Paula sich nach Hilfe um. Sie hatte doch gleich gesagt, die Wachleute sollten sich die Prinzessinnen vornehmen. Aber sie konnten nichts gegen sie unternehmen. Es war schließlich nicht verboten, durchs EZ zu laufen, auch nicht in seltsamer Kampfkleidung. Es war Paula schleierhaft gewesen, wie die beiden Prinzessinnen so schnell ihre Waffen hatten verschwinden lassen können. Aber die Wachleute hatten bei den beiden weder Schlagringe noch Chakus, noch sonst irgendwelche verbotenen Waffen entdecken können. Die Wachleute hatten Paula und Myrte immerhin noch bis zum Ausgang begleitet und darauf geachtet, dass die beiden Prinzessinnen ihnen nicht direkt folgten.

Als Paula und Myrte zum Spielplatz zurückkehrten, fanden sie Matze auf dem Boden liegend vor, von den anderen beiden Prinzessinnen brutal zusammengeschlagen.

„Wir müssen Hilfe rufen!", sagte Myrte.

Paula zog ihr Handy.

„Mist! Ich habe kein Geld mehr auf der Karte!"

„Egal!", sagte ihr Myrte. „Der Notruf funktioniert auch so!"

Einen Notruf hatte Paula mit ihrem Handy noch nie betätigt. Musste man einfach nur die 110 wählen, ohne Vorwahl und alles? Sie probierte es; es klappte. Am anderen Ende meldete sich eine Männerstimme, die unendlich viele Fragen stellte. Paula kam kaum dazu, zu erzählen, was passiert war. Sie hatte das Gefühl, es dauerte eine Ewigkeit, bis alles Wichtige gesagt war und die Männerstimme versicherte: „Wir schicken einen Streifenwagen und einen Krankenwagen!"

Ohne das ganze Gelaber hätten die längst hier sein können, dachte Paula.

Sie legte auf und sah wieder auf Matze.

„Wir hätten nicht weglaufen dürfen!", sagte sie.

Myrte schaute zu ihr hinauf. „Bist du blöd? Dann hätten wir jetzt auch so dagelegen!"

„Besser als weglaufen und ihn im Stich lassen!", fand Paula.

Myrte legte Matzes Kopf sanft ab. „Quatsch!", behauptete sie. „Erstens haben wir ihn nicht im Stich gelassen, sondern sind ja jetzt da."

„Aber zu spät!", wandte Paula ein.

„Und zweitens: Wenn wir jetzt alle drei hier blutend liegen würden, könnte keiner Hilfe rufen. Wir sind abgehauen und haben Hilfe gesucht. Was ist daran falsch?"

Paula zuckte mit den Schultern. Was Myrte sagte, klang plausibel. Trotzdem wich ihr komisches Gefühl nicht, sich irgendwie falsch und feige verhalten zu haben.

„Es hat nichts mit Mut zu tun, sich die Birne weich kloppen zu lassen! Mut ist, Hilfe zu holen und sich gegen die Prinzessinnen zu wehren; nicht im Nahkampf, sondern mit Köpfchen und mit Hilfe!"

„Findest du?"

„Das finden die Pädagogen im Haus der Jugend und die Streetworker. Und ich finde, da haben die mal recht!"

Paula kannte die Sozialarbeiter nicht, aber Myrte hatte einige Hobbykurse im Haus der Jugend belegt, für die Paula sich nicht interessierte.

Endlich kamen zwei Polizisten und zwei Sanitäter auf den Spielplatz.

Die Sanitäter kümmerten sich um Matze, gaben Myrte ihr T-Shirt zurück, das aber inzwischen mit Blut durchtränkt war. Die Polizisten nahmen die Mädchen mit zum Streifenwagen. Einer von ihnen holte aus dem Kofferraum ein frisches T-Shirt hervor. „Habe ich immer dabei für Notfälle!", lächelte er Myrte an. „Du kannst es behalten. Ich habe es auch mal geschenkt bekommen!"

Myrte zog sich das T-Shirt mit dem Emblem des örtlichen Polizeiorchesters über, obwohl es ihr viel zu groß war, während die Polizisten die Mädchen noch mal baten, genau zu erzählen, was passiert war.

Bevor Myrte ausholen konnte, alles noch mal detailliert zu berichten, griff Paula in ihre Hosentasche, holte die Visitenkarte hervor, die ihr der Kommissar zugesteckt hatte, hielt sie dem Polizisten hin und sagte nur: „Den müssen wir unbedingt sprechen!"

Beobachtung

Myrte und Paula waren an diesem Morgen nicht zur Schule gegangen. Stattdessen beobachteten sie die bevorzugten Treffpunkte der Prinzessinnen: den Spielplatz, das EZ, den Stromkasten am Grundweg, den Sportplatz. Sie wussten, um die Prinzessinnen an einem der Orte zu entdecken, war ein gehöriges Maß an Glück notwendig. Sie hatten dieses Glück. Hinterm Sportplatz entdeckten sie die vier und beobachteten sie aus sicherer Entfernung.

Eines der Mädchen trug ein helles Kleidchen, weiße Söckchen, niedliche Schühchen, hatte ihren kurzen Haaren sogar den Ansatz eines Zöpfchens abgerungen.

„Das ist Perle!", erkannte Myrte. „Wieso läuft die so seltsam herum?"

Schnell wurde den beiden klar, dass Perle sich nicht freiwillig so angezogen hatte. Dahinter musste ein Plan stecken. Und so hefteten sich Paula und Myrte an Perles Fersen, bis Perle in einem Haus verschwand.

Paula und Myrte warteten. Ein halbe Stunde standen

sie sich die Beine in den Bauch, dann erst erschien Perle wieder vor der Tür.

„Ich möchte wissen, bei wem die war", sagte Myrte.

Paula kam die ermordete Frau in den Sinn: „Weißt du, ob in diesem Haus eine alte, alleinstehende Frau wohnt?"

Myrte kannte drei in dem Haus. Sie beschlossen, Paulas Vermutung nachzugehen. Leider wusste Myrte nur von zweien den Namen: Bei beiden klingelten sie. Die erste war nicht da. Die zweite öffnete die Tür einen kleinen Spalt und schaute Paula und Myrte misstrauisch an.

Besuch von einem „niedlichen Mädchen", wie Paula Perle bezeichnete, hatte sie nicht gehabt. Aber sie wusste den Namen der dritten alten Frau im Haus.

„Prima!", freute sich Paula. Sie stürmten zwei Etagen hinauf und klingelten.

Es öffnete ein kleines Mütterchen mit einem freundlichen Gesicht. „Nanu? Clarissa ist doch gerade fort. Kommt ihr auch wegen der Negerin?", fragte sie.

Paula und Myrte schauten sich an. Erstens war das Mädchen, das die Frau besucht hatte, nicht Clarissa, sondern Perle gewesen, und zweitens: Was wusste die Alte von Kea?

„Sie meinen Kea?", fragte Paula verwundert nach.

Die Frau nickte. „Ja, so hieß die, die mich bestohlen hat, glaube ich!"

„Bestohlen?"

Die Alte nickte.

„Können Sie uns das genau erzählen?", fragte Myrte.

„Aber natürlich!", antwortete die Frau. Sie ließ die Kette vor der Tür und erzählte den beiden durch den Türspalt die ganze Geschichte, wie Kea sie bestohlen haben musste.

„Nie und nimmer glaube ich das!", rief Myrte, als sie wieder unten auf der Straße standen.

„So?", fragte eine Stimme. „Was glaubt ihr denn?"

Paula und Myrte fuhren zusammen. Vor ihr standen drei der vier Prinzessinnen in voller Kampfmontur. Sofort sprang Paula ins Gedächtnis, wie Matze nach der Auseinandersetzung mit den Prinzessinnen ausgesehen hatte. Und Matze war bestimmt stärker als sie. Es gab nur eins: Flucht. Beim letzten Mal waren sie nur um Haaresbreite entkommen. Würden sie diesmal wieder so viel Glück haben?

Die Prinzessinnen schienen ihre Gedanken gelesen zu haben.

„Diesmal entkommst du uns nicht!", grinste Big sie an. „Es ist nicht immer eine Truppe Privatbullen in der Nähe!"

„Aber die Polizei!", behauptete Myrte.

Lady lächelte. „Netter Trick. Hältst du uns für blöd?"

„Das auch!", antwortete Myrte keck. „Aber vor allem für blind!"

Gerade wollte Lady auf Myrte losgehen, als diese den Arm hob, winkte und laut rief: „Huhu! Herr Kommissar!"

Paula wollte schon durchatmen und ihrem Schutzengel danken, doch leider konnte sie weit und breit keinen Kommissar entdecken.

Weil aber Myrte nicht aufhörte zu winken, hinüber auf die andere Straßenseite lächelte und auch noch hinüberrief: „Ich glaube, die sind einkaufen, Herr Kommissar, aber mir ist noch etwas eingefallen!", drehte sich Lady doch um. Big und Clarissa sahen ebenfalls hinüber.

In dem Augenblick stieß Myrte Paula an und sie rannten gemeinsam zurück in den Hauseingang, ließen das Türschloss zuschnappen und hörten, wie die Prinzessinnen wütend gegen die Tür traten.

„Scheiße, das war knapp! Wo ist denn der Kommissar abgeblieben?", fragte Paula.

„Welcher Kommissar?", fragte Myrte. „Den rufen wir doch jetzt erst, und zwar oben aus der Wohnung der alten Frau!"

Draußen drückte Clarissa wild alle Klingelknöpfe gleichzeitig. Irgendein Bewohner würde gleich den Türsummer drücken.

Paula und Myrte hasteten die Treppenstufen hinauf. In jeder Etage drückten sie im Vorbeilaufen den Fahrstuhlknopf. Würden die Prinzessinnen ihnen gleich folgen und den Fahrstuhl rufen, würde der erst in jedem Stockwerk stehen bleiben, ehe er unten ankam.

Als sie die Etage der alten Frau erreicht hatten, öffnete diese zum Glück sofort. Den Kommissar zu rufen konnten Myrte und Paula sich sparen. Das hatte die alte Frau schon getan und den Diebstahl gemeldet, den angeblich „die kleine Negerin" begangen hatte.

Bitte umsteigen

Keas Flucht war leichter geglückt, als sie befürchtet hatte. Sie hatte das Toilettenhäuschen eines Parkplatzes aufgesucht, war durch ein Fenster auf der Rückseite hinausgeklettert und hatte sich im Gebüsch versteckt.

Von dort aus konnte sie die beiden Frauen beobachten. Die eine – Stefanie – machte das, was sie immer tat: Zigaretten drehen. Mechthild wurde nach einigen Minuten unruhig, beriet sich mit Stefanie und lief dann ins Toilettenhäuschen. Als sie ohne Kea zurückkehrte, berieten die beiden erneut und warteten. Nach zehn Minuten blickten beide auf die Uhr und suchten zum wiederholten Male den Parkplatz ab.

Endlich gaben sie auf und fuhren weiter. Kea vermutete, dass sie trotzdem die Polizei informieren würden. Sie musste also schnell von diesem Ort verschwinden. Das gleiche Spielchen wie auf dem vorigen Parkplatz ging von Neuem los. Allerdings mit dem kleinen Unterschied, dass sie zwischendurch geschlafen und etwas gegessen hatte und etwa drei bis vier Stunden Fahrt näher an ihr Zuhause gekommen war.

Sie wäre gern mit den beiden Frauen weitergefahren, die sich als nett, hilfsbereit und verständnisvoll erwiesen hatten. Aber auch als verräterisch, war Kea sich sicher. Die beiden hätten sie unter Garantie an die Polizei ausgeliefert.

Aber mit wem sollte sie nun weiterfahren? Die Nacht stand bevor und die wollte sie auf keinen Fall im Wald am Rande des Autobahnparkplatzes verbringen.

Da fuhr die Lösung ihres Problems auf den Parkplatz: Eine dicke Limousine zog einen prachtvollen, riesigen Wohnwagen! Am Steuer der Limousine saß ein alter, grauhaariger Mann, auf dem Beifahrersitz seine Frau. Keine Kinder an Bord und kein Hund. Ein Geschenk des Himmels!

Jagd

Allmählich hatte Lady die Nase voll. Sie hatte hart für ihren Ruf gearbeitet und lange gebraucht, bis sie die anderen drei Mädchen gefunden hatte, die ihr bedingungslos folgten. Vom ersten Tag, seit es die Prinzessinnen gab, hatte sie keinen Zweifel aufkommen lassen, wer in ihrer Region den Ton angab. Nicht diskutieren, zuschlagen. Sofort. So lautete ihr Motto. Nach den ersten drei Typen, die sie krankenhausreif geschlagen hatten, waren sie im Stadtteil schon ein Begriff gewesen.

Und jetzt kamen diese Hühner mit ihrem Supermarkt-Pisser und wollten ihnen in die Suppe spucken. Ihr Plan wäre sauber aufgegangen. Perle hatte ihre Sache gut gemacht, die Alte war bereit gewesen, die Negerschlampe wegen Diebstahls anzuzeigen. Doch wieder funkten die beiden Hühner Myrte und Paula dazwischen. Obwohl ihr Freund aus dem Supermarkt schon im Krankenhaus lag. Die spielten mit ihrem Leben!

Soeben hatte Lady Besuch von einem Bullen gehabt! Bei ihr zu Hause! Das war noch nie vorgekommen, seit sie die Prinzessinnen gegründet hatte.

„Es gibt Hinweise ...", hatte der Bulle gelabert, „... dass du und deine Freundinnen etwas mit dem Raubüberfall mit tödlichem Ausgang zu tun habt!"

Hinweise!

Was denn für Hinweise? Das dumme Gelaber der Hühner waren die Hinweise, nichts weiter! Wie konnten sie die beiden auch einfach so entwischen lassen! Wie Anfängerinnen hatten sie sich hereinlegen lassen!

Lady kochte vor Wut.

Okay, das Verhör hatte sie ganz gut überstanden. Perle und Big würden auch dichthalten. Und Clarissa? Die blöde

Kuh zitterte vor Angst, weil sie die Alte auf dem Gewissen hatte. Vor lauter Schiss könnte die am Ende glatt anfangen zu plaudern. Lady traute ihr nicht. Aber im Moment konnte sie nichts machen. Clarissa war nicht ihr Hauptproblem. Myrte, Paula und Matze waren das Problem. Matze lag schon in der Klinik. Es wurde Zeit, dass die beiden Zicken ihm Gesellschaft leisteten.

„Die Jagd ist eröffnet!", rief Lady den anderen Prinzessinnen zu. „Ich will noch heute Abend auf die Köpfe der beiden Schlampen pissen, verstanden? Keine Ausflüchte. Keine Pannen!"

Bei dem Wort *Pannen* sah sie Clarissa streng an, die verschämt zur Seite blickte.

„Also los!", lautete Ladys Befehl. „Es kann ja wohl nicht so schwer sein, zwei dreckige Hühner zu fassen!"

Jäger und Gejagte

Myrte und Paula konnten die Wohnung der alten Frau ohne Befürchtungen verlassen. Sie waren gemeinsam mit dem Kommissar gegangen, der die Aussage der Frau entgegengenommen hatte. Allein schon die Tatsache, dass der Kommissar persönlich gekommen war und nicht etwa die Streifenpolizisten, wie es bei einem Wohnungsdiebstahl üblich gewesen wäre, ließ erkennen, dass er einen Zusammenhang zwischen dem Diebstahl und dem Tod der anderen Frau für möglich hielt. Besonders hellhörig wurde er, als er mitbekam, dass die alte Frau zunächst das verschwundene schwarze Mädchen für den Diebstahl verantwortlich gemacht, die Annahme aber korrigiert hatte, nachdem Paula und Myrte mit ihr gesprochen hatten.

Paulas Vermutung, dass die Prinzessinnen den Verdacht auf Kea lenken wollten und sogar Zeugen zu Falschaussagen bewegten, hielt der Kommissar keineswegs für abwegig. Er versprach, den Prinzessinnen auf den Zahn zu fühlen.

Bei der Suche nach Kea war die Polizei allerdings nicht weitergekommen. Der Fernfahrer, der Kea unfreiwillig mitgenommen hatte, hatte sich zwar gemeldet und ausgesagt. Aber das war alles, was bekannt war.

„Wenn Kea nichts zugestoßen ist, fragt man sich, weshalb sie nicht zu Hause anruft oder ein Lebenszeichen von sich gibt!", sagte der Kommissar.

„Vielleicht ist es ihr nicht möglich!", vermutete Myrte.

Die Blicke von Paula und dem Kommissar genügten, um sie schnell zu überzeugen: Heutzutage hat man immer die Möglichkeit, ein Lebenszeichen von sich zu geben – wenn einem nichts zugestoßen ist. Das konnte nur bedeuten, dass Kea nichts von sich hören lassen *wollte*. Aber weshalb?

„Und wenn der Fahrer sich geirrt hat und es gar nicht Kea war, die aus seinem Wagen gesprungen ist?"

„Auch möglich!", gestand der Kommissar ein. „Allerdings haben wir derzeit kein anderes vermisstes Mädchen in der Akte, auf die seine Beschreibung passen würde!"

Niedergeschlagen hatten Paula und Myrte die Wohnung verlassen. Nach Hause zu gehen war für beide nicht infrage gekommen.

Gemeinsam hockten sie auf der Mauer des Goldfischteiches im EZ und überlegten, was Kea daran hindern konnte, sich zu melden.

Wie sie die Sache auch drehten und wendeten, sie kamen immer wieder zum gleichen Schluss: Kea war doch etwas zugestoßen. Entweder hielt sie irgendwo ein Persversling in einem Keller gefangen oder sie war bereits tot. Die blöden Jungs wie Kevin oder Dennis aus ihrer Klasse hatten vermutlich doch recht gehabt. Wäre Kea tatsächlich einfach nur abgehauen, nach Andalusien oder sonst wohin, sie hätte sich längst gemeldet oder irgendjemand hätte sie gesehen.

„Oder sie ist so sauer, dass sie von niemandem mehr etwas wissen will!", meinte Paula.

„Sauer? Auf wen?", fragte sich Myrte.

„Auf uns!", rief Paula und sprang auf. „Auf uns alle. Auch auf dich ..."

„Auf mich?" Myrte hatte niemals ein einziges Wort mit Kea gesprochen. Weshalb sollte Kea sauer auf sie sein?

„Ebendeshalb!", stellte Paula klar. „Das ist es ja! Niemand von uns hat sich mit ihr beschäftigt. Du nicht, ich nicht, wir alle nicht!"

„Und deshalb haut sie ab und meldet sich nicht?" Myrte überlegte, ob sie auch so handeln würde.

Paula setzte sich wieder neben ihre Freundin. Sie versuchte, sich vorzustellen, wie Kea gelebt hatte. Es war eine andere Welt. Eine Welt der Einsamkeit. Ohne Freunde. Ohne Spaß, den man mit anderen teilt. Ohne Austausch über die großen und kleinen Dinge, die man täglich erlebt. Ein paar neue Turnschuhe anziehen, ohne eine Freundin fragen zu können, ob sie ihr gefallen. Einen Jungen süß finden, ohne darüber tratschen zu können. Im Kino allein zu sitzen oder deshalb gar nie ins Kino zu gehen. Einen Fünfer in Mathe kassieren, ohne dass jemand da ist, der dem Lehrer die Schuld gibt. Niemand, der einen zum Jahrmarktrummel mitnimmt. Keine Einladung zu einer Geburtstagsfeier oder noch schlimmer: niemand, den man zu seinem Geburtstag einladen könnte!

„Scheiße, Mann", sagte Paula. „Ich kann die total gut verstehen!"

Myrte sagte nichts. Sie stand auf, kaufte zwei Eis und kehrte damit zurück.

„Morgen besuchen wir Matze und übermorgen fällt uns in der Schule vielleicht doch noch etwas ein, wie wir Kea finden können", schlug sie vor. „Ich meine, wozu haben wir Lehrer? Denen kann doch auch mal etwas einfallen!"

„Pah!", winkte Paula ab. „Was soll denen schon einfallen? Sollte Kea zurückkommen, kriegen die es glatt fertig, ihr wegen unentschuldigten Fehlens eine reinzuwürgen!"

Das konnte sich Myrte zumindest bei manchem Lehrer auch vorstellen. Sie schleckte ihr Eis, das an der Waffel heruntertropfte. Ihr Blick fiel dabei über die Eistüte hinweg auf zwei der Prinzessinnen, die in Kampfmontur durch das EZ schlenderten.

„Wir sollten sehen, dass wir hier wegkommen!"

Paula benötigte keine zweite Aufforderung. Noch waren sie nicht gesehen worden. Gemeinsam gingen sie so langsam wie möglich, um ja keine Aufmerksamkeit zu erregen, zum Ausgang des EZ.

Aus den Augenwinkeln aber bemerkten sie, wie die eine der beiden Prinzessinnen auf sie zeigte und die beiden ihren Schritt beschleunigten.

„Scheiße, die suchen uns!", war Paula sofort klar.

Sie rannten los.

Auch die Prinzessinnen begannen zu laufen.

„Oh Mann! Nicht schon wieder!", fluchte Myrte und feuerte ihr Eis in einen Papierkorb. „Los, zum Fahrstuhl!"

Sie bogen links ab. Jetzt waren sie für einen Moment aus dem Blickwinkel ihrer Verfolgerinnen verschwunden. Doch eine große Auswahl, welchen Weg sie einschlagen sollten, hatten sie nicht: entweder in den Fahrstuhl, der gerade dastand, oder auf die Damentoilette mit Wickelraum.

Ohne Diskussion entschieden sie sich für den Fahrstuhl, der aber nur hinauf zum Parkdeck führte.

Als sich die Tür des Fahrstuhls schloss, wäre es Perle und Clarissa beinahe gelungen, sie noch aufzuhalten. Myrte und Paula war klar, dass sie oben auf dem Parkdeck von den beiden empfangen werden würden.

Myrte betätigte den Notstopp-Schalter. Zeit gewinnen.

„Scheiße, was machen wir jetzt?", fragte sie.

Paula wusste es auch nicht. Ihre Knie begannen zu zittern. Sie dachte an Matze, spürte ihre Ausweglosigkeit, sah sich den Angreiferinnen, die dort oben auf sie lauerten, in keiner Weise gewachsen. Sie hatte keine Idee, wie sie sich aus dieser Lage befreien konnte. Sie konnten nicht ewig hier im Fahrstuhlschacht stehen. Irgendwann würde jemand die Betriebsstörung melden, es würde ein Handwerker kommen und ...

„Ich hab's!", rief Paula plötzlich.

Myrte schaute sie hoffnungsvoll an.

Paula drückte die Notruftaste. Es dauerte etwa eine halbe Minute, bis sich jemand meldete.

„Wir stecken fest!", rief Paula.

Die schnarrende Stimme aus dem kleinen Lautsprecher stellte eine Menge Fragen. Paula musste die Nummer des Fahrstuhles vom Schild ablesen und ihren Standort nennen.

„Es kommt gleich jemand! Bewahrt die Ruhe. Keine Panik. Gleich kommt Hilfe!"

„Das klingt gut!", antwortete Paula und lächelte ihrer Freundin zu. Sowie der Handwerker käme, würde sie den Notstopp-Schalter wieder lösen und hinauf zum Parkdeck fahren. Die beiden Prinzessinnen würden dann entweder schon verschwunden sein oder sich zumindest im Beisein des Handwerkers kaum trauen, sie anzugreifen.

„Noch mal Glück gehabt!", seufzte Myrte. „In Zukunft

sollten wir besser aufpassen, wenn wir durch den Stadtteil gehen!"

„Allerdings!", bestätigte Paula. „Echter Mist. Wir sind im eigenen Stadtteil auf der Flucht!"

Kea ist da!

Endlich einmal hatte Kea Glück. Es stand ihr zu, fand sie. Nie hatte sie Glück gehabt. Weder hatte sie jemals etwas in einem Preisausschreiben gewonnen, noch ein glückliches Händchen bei einer Lotterie bewiesen, und schon gar nicht glücklich war ihr bisheriges Leben verlaufen. Der Vater weit fort, die Mutter zwar lieb und bemüht, aber mit wenig Zeit, der Stadtteil feindlich, in der Schule hatte sie keine Kontakte.

Wo hatte sich in all den Jahren das Glück versteckt? Vermutlich waren es andere Orte, in denen sich das Glück gern aufhielt. *Geld macht nicht glücklich* lautete ein Spruch, der wahrscheinlich von jenen erfunden worden war, die nie Geldmangel hatten erleiden müssen. Jedenfalls hatte Kea niemals davon gehört, dass sich das Glück irgendwo auf der Welt in einem Armenviertel niedergelassen hätte.

Jetzt aber empfand sie es als kleines Glück, dass der Wohnwagen, in dem sie sich versteckt hielt, tatsächlich schnurstracks ins Zentrum ihrer Heimatstadt fuhr und dort an einer Tankstelle hielt. Sie war zurück! Zu Hause! Nicht einmal eine halbe Stunde von ihrer Mutter entfernt, wenn sie den nächsten Bus nahm. Sie musste nur noch unerkannt aus dem Wohnwagen herauskommen. Ein Kinderspiel.

Sie klappte das Fenster an der Rückseite auf und kroch mit dem Oberkörper voran aus dem Wagen. Da löste sich die Halterung des Fensterrahmens und die Scheibe rutschte heraus. Als Kea es bemerkte, war es schon zu spät. Sie bekam die Scheibe nicht mehr zu fassen. Klirrend zerschellte die Glasscheibe auf dem Asphalt.

„Scheiße!", fluchte Kea. Sie musste aufpassen, dass sie sich an den Scherben auf dem Boden nicht die Füße verletzte. Ihr gelang eine halbwegs weiche Landung. Sie säuberte sich die Hände, prüfte, ob sie sich nicht doch irgendwo geschnitten hatte, und sah sich plötzlich dem Besitzer des Wohnwagens gegenüber. Vom Lärm alarmiert, war er um den Wagen herumgelaufen und hatte nun Kea am Kragen gepackt. Das Glück hatte sich längst wieder aus dem Staub gemacht. Kea war auf sich allein gestellt. Ihre Erstarrung währte nur kurz. Blitzschnell biss Kea dem Wohnwagenbesitzer in die Hand. Der Mann ließ sie fluchend los. Kea rannte.

„Hilfe!", rief der Mann. „Polizei! Haltet die Diebin!"

Kea hörte nur die beiden Worte: *Polizei und Diebin!*

Schon wieder!, dachte sie. Sie war auf der Flucht vor einem falschen Verdacht. Warum nur passierte ihr ständig so etwas? Trotzdem: Sie musste weiter, nach Hause, endlich nach Hause. Zu ihrer Mutter! Die würde alles regeln. Jeden Verdacht von ihr abwenden. Mutter konnte ihr helfen. Bestimmt! Sie musste es einfach schaffen. Denn jemand anderen gab es nicht, der ihr helfen konnte. Nur noch dreißig Minuten. Dann war sie endlich wieder zu Hause. Glaubte Kea.

Lotterie

Hatten sie nur Pech oder waren sie zu blöd? Lady spuckte wütend auf die Straße, fluchte vor sich hin und trat nach einem Stein. Wäre jemand anderes als der Stein in diesem Augenblick in ihrer Nähe gewesen, hätte es den getroffen. So kullerte nur der Stein in den nächsten Gulli.

Wieder waren ihr die beiden Mädchen entwischt. Aber auf ewig konnten die sich nicht verkriechen. Schnüffler und Petzer brauchten ihre Denkzettel. So lautete das Gesetz der Straße. Lady kannte sich aus. Niemand sollte es wagen, sich ihr zu widersetzen. Hier war ihr Revier, in dem sie sich von zwei kleinen Schlampen nicht in die Suppe spucken ließ. Und wieder war Clarissa dabei. Immer, wenn Clarissa dabei war, ging eine Sache schief. Das fiel auf. Das konnte doch kein Zufall mehr sein! Bisher hatte Lady Clarissa nur für besonders dämlich gehalten. Vielleicht war sie das aber gar nicht. Vielleicht war Clarissa viel gerissener, als Lady glaubte. Vielleicht war sie ein Spitzel, eine, die Ladys Macht infrage stellte, die sich ihr widersetzte, meuterte, gegen sie arbeitete. Lady nahm sich vor, Clarissa schärfer als bisher im Auge zu behalten und sie zu prüfen.

Perle, Clarissa und Big hockten mal wieder rund um den Stromkasten und schwiegen. Sie ärgerten sich über ihren Misserfolg. Wut und Hass brodelten in ihnen und suchten ein Ventil. Lady spürte das. Ihr ging es nicht anders. Das Schlimmste war: Solche Niederlagen sprachen sich blitzschnell herum im Stadtteil. Gerade bei einer Mädchengang. Lady kannte die Typen hier im Revier. Sie würden feixen und dumme Sprüche machen. *Typisch für eine Mädchengang!* würden sie johlen, *sich nicht einmal kleine Schnüffler vom Hals halten!* Jungsgangs waren zwar um keinen Deut geschickter, aber das interessierte niemanden. Gelacht wurde nur über Mädchen.

Aber Lady würde das nicht zulassen. Niemand sollte es wagen, über die Prinzessinnen zu lachen. Und wenn schon die beiden verfluchten Schnüfflerinnen nicht zu fassen waren, dann musste man sich jemand anderes ausgucken, an dem man ein Zeichen setzen konnte. Wer dieser Jemand sein konnte, überließ Lady gern dem Zufall.

„Big, nenn eine Zahl zwischen eins und zehn!", befahl sie.

Big grinste und rieb sich die Fäuste. Sie wusste, was Ladys Befehl bedeutete.

„Sieben!", sagte sie.

„Also los!", forderte Lady die anderen auf.

Die Laune der vier Prinzessinnen besserte sich abrupt. Tatenfroh zogen sie zur Bushaltestelle und setzten sich auf die Bank.

„Hoffentlich nicht wieder so ein Weichei wie das letzte Mal!", sagte Perle und spuckte auf die Straße.

„Ein knackiger Typ wäre geil!", grinste Big. „Den nehme ich mir dann erst mal vor, bevor ihr ihn haben dürft!"

„Du denkst auch immer nur an das eine!" Clarissa schüttelte den Kopf.

„Na und? An was denkst du denn?"

Clarissa antwortete darauf nichts. Sie dachte an die tote alte Frau. Zu jeder Stunde, zu jeder Sekunde. Aber Clarissa sprach nicht darüber. Sie hoffte nur, dass die Nummer sieben, die aus dem nächsten Bus steigen würde, nicht auch eine alte Frau war. Sie wusste nicht, wie sie sich dann verhalten würde. Sollte sie in dem Fall einfach fortlaufen? Sie konnte unmöglich mitmachen, wenn es wieder eine alte Frau war.

„Wer fängt an?", fragte Perle aufgeregt.

Lady war auf die Frage vorbereitet und hielt den anderen Streichhölzer hin.

„Der Längste gewinnt!"

„Sowieso!", grinste Big.

Jede der drei zog ein Streichholz, Lady behielt das vierte. Sie legten die vier nebeneinander. Das längste Streichholz hatte Lady.

„Betrug!", beschwerte sich Perle.

Ein Blick von Lady genügte.

„Schon gut, war nicht so gemeint!", entschuldigte sich Perle.

Endlich fuhr der Bus in die Haltebucht.

„Jetzt bin ich mal gespannt!", rief Big. Es war wie Weihnachten. Schöner als Weihnachten. Schon lange bekam Big keine Geschenke mehr zu Weihnachten. „Wir schenken uns nichts!", hatte es zu Hause geheißen. „Wir machen den Rummel nicht mit. Nur noch kaufen, kaufen, kaufen. Weihnachten sollte besinnlich sein!" Für Big waren es reichlich dumme Ausreden für die Tatsache, dass sie kein Geld hatten. Das Sozialamt zahlte keine Weihnachtsgeschenke, so einfach war das. Hier an der Bushaltestelle aber gab es Geschenke. Jedes Mal eine neue Überraschung. Mal Bargeld, mal Zigaretten, mal eine Uhr oder eine Lederjacke. Je nachdem, was die wahllos Ausgelosten gerade so bei sich trugen.

Der Bus hielt und die Tür öffnete sich.

„Scheiße!", rief Big, als sie sah, wie wenig Leute in dem Bus saßen. „Was ist, wenn gar keine sieben aussteigen?"

„Dann hast du dumme Kuh eine falsche Zahl genannt. Wir wählen eine neue Zahl, warten auf den nächsten Bus und bei der Aufteilung der Beute gehst du leer aus."

„Scheiße!", rief Big erneut.

Clarissa und Perle grinsten sie an.

„Eins, zwei!", zählte Clarissa. Eine Mutter mit einem kleinen Kind stieg aus dem Bus.

„Drei!", machte Perle weiter. Ein junges Mädchen, vielleicht etwas älter als die Prinzessinnen. Sie trug eine knallig rote Lederjacke.

„Schade!", bedauerte Big. „Genau meine Größe die Jacke. Kann ich nicht drei statt sieben sagen?"

„Regeln sind Regeln!", beharrte Lady.

Sie ließen das junge Mädchen passieren, obwohl sie gewiss eine gute Beute abgegeben hätte. Kaum dass sie ausgestiegen war, pulte sie ein Handy aus ihrem Handtäschchen und telefonierte.

Sehnsüchtig sahen die vier Prinzessinnen ihr nach.

Das Mädchen ahnte nicht, wie knapp es einem Raubüberfall entgangen war.

„Vier und fünf!", zählte Lady weiter. Zwei Jungs im Alter von vielleicht vierzehn und fünfzehn stiegen aus, wobei sie sich angeregt über ein Playstation-Spiel unterhielten.

Big schaute sofort dorthin, wohin sie bei Jungs immer zuerst guckte. „Kein Verlust!", stellte sie fest.

Perle und Clarissa lachten.

„Sechs!", sagte Lady.

Eine alte Frau stieg langsam aus dem Bus. Sie hatte Schwierigkeiten, die Treppe zu nehmen, hielt sich mit zittriger Hand am Geländer fest, blieb auf der letzten Stufe stehen und schaute auf die Straße, als ob sie überlegte den großen Sprung von der letzten Stufe hinaus in die Welt zu wagen.

Clarissa lief herbei, reichte der Alten die Hand, die sie dankend annahm, sich auf Clarissa abstützte und so die letzte Stufe meisterte.

Perle und Big beömmelten sich.

„Seit wann bist du bei den Pfadfindern?", johlten sie. „Täglich eine gute Tat oder wie?"

Die Tür des Busses schloss sich. Der Bus fuhr ab.

„Kacke!", schrie Big und sprang von der Bank auf. „Scheiße! Mist! Wieso steigt da keiner mehr aus? Komm zurück, du Fuck-Bus. Da will noch einer raus!"

Die alte Frau sah sich entsetzt nach dem Mädchen um, das so entsetzlich fluchte.

„Du bist raus!", bestimmte Lady.

Perle freute sich. Denn jetzt durfte sie eine Zahl nennen. Sie ging auf Nummer sicher: „Eins!", verkündete sie.

„Feige Pflaume!", zischte Big ihr zu.

Zu Hause

Die Busfahrt verlief ohne Zwischenfälle. Kea hätte zufrieden sein können. Trotzdem enttäuschte sie die Reaktion der anderen Fahrgäste. Ihr Bild war in der größten deutschen Tageszeitung abgedruckt. Sie wurde gesucht. Aber keiner der Fahrgäste nahm Notiz von ihr. Wahrscheinlich hätte sie sich die ganze Strapaze sparen können. Es beachtete sie ohnehin niemand.

So ganz stimmte es nicht, fiel ihr ein. Mechthild und Stefanie hatten sich um sie kümmern wollen. Aber sie hatte ihnen nicht getraut und war fortgelaufen. Was die beiden wohl gerade machten, wo sie wohl waren? Vielleicht hätten sie Freundinnen werden können; auch wenn es schon erwachsene Frauen waren. Konnte eine Jugendliche nicht auch erwachsene Freundinnen haben?

Kea verwarf diesen Gedanken. Sie hatte noch nie eine Freundin gehabt, weder eine erwachsene noch eine gleichaltrige. Ihr gelang so etwas nicht. Irgendetwas ging immer schief. Wie bei Mechthild und Stefanie. Bevor eine Freundschaft sich entwickeln konnte, war sie abgehauen. Wieder allein. Auf dem Weg nach Hause, wo es auch keine Freundinnen gab. Nur ihre Mutter. Immerhin ihre Mutter.

Kea betrachtete die Betonwüste, auf die der Bus zufuhr und in der sie wohnte. Sie erinnerte sich, wie ihre Mutter früher immer einen roten Luftballon ins Küchenfenster gehängt hatte, damit Kea von unten erkennen konnte, welches Fenster zu ihrer Wohnung gehörte. Eine Straße glich der anderen, ein Eingang dem nächsten, alle Fenster und Balkone gleich. Für Kinder war nicht zu erkennen, wo sie zu Hause waren, wenn Eltern nicht zu solchen Tricks griffen.

Manche Balkone waren an den Satellitenschüsseln zu erkennen. Der Balkon im siebten Stock direkt an der Hauptstraße zum Beispiel. Dort wohnte Dennis aus ihrer Klasse. Zwei Satellitenschüsseln hatten die auf dem Balkon und einen digitalen Receiver. So konnten Dennis und sein Vater die Fußballspiele der ganzen Welt empfangen. Vierzig Stunden Fußball sahen sie pro Woche, hatte Dennis einmal stolz herausposaunt: „Sogar aus Kamerun und Kenia, wo unser Schoko-Crossie herkommt!"

Keas Familie kam aus Südafrika. Sie war in Deutschland geboren. Aber was hätte es für einen Sinn gehabt, dies Dennis, dem Hohlkopf, zu erklären? Als sie an ihn dachte, überlegte Kea für einen Moment, nach dem Aussteigen sofort die Straßenseite zu wechseln, mit dem Bus zurück zum Hauptbahnhof zu fahren und aufs Neue abzuhauen. Schnell verwarf sie den Gedanken. Sie hatte gerade die Erfahrung hinter sich: Ohne Ziel und Plan gab es kein Entkommen. Vielleicht konnte sie ihre Mutter doch überreden nach Südafrika zu ziehen, zu ihrem Vater. Kea wusste nicht, wie es in Südafrika war. Sie wusste nicht, ob ihr Vater nicht vielleicht längst eine neue Frau hatte. Geschrieben hatte er davon nie etwas, aber vielleicht hatte er es auch nur nicht zugeben mögen. Kea war es egal. Schlimmer als hier in diesem Stadtteil konnte es in Südafrika nicht sein.

Als der Bus um die Ecke bog, überlegte Kea, ob es hier nicht auch etwas Schönes gab; etwas, an das sie sich gern erinnerte; irgendjemand, auf dessen Wiedersehen sie sich freute. Als ihr kurz eine Eisverkäuferin einfiel, die sie einmal angelächelt hatte, fiel ihr Blick auf das EZ und Kea erinnerte sich an ihr letztes Erlebnis in diesem Center. Sie hatte die Spucke von der Schaufensterscheibe lecken müssen. Das war der Auslöser gewesen, abzuhauen. Jetzt war sie wieder hier, fuhr an diesem Einkaufszentrum vorbei und nichts hatte sich geändert. Nicht das Geringste!

Der Bus hielt.

Kea stieg als Erste aus.

„Eins!", schallte es ihr entgegen.

„Ich werd verrückt, die Negersau!"

Kea blickte in die Gesichter der vier Prinzessinnen in Kampfmontur.

Hinter ihr schloss sich die Tür des Busses.

Er fuhr ab.

Kea war wieder zu Hause.

Beobachtung

Der Tag passte zu Paulas Gemüt. Ein betongrauer Himmel hatte sich wie ein Deckel auf den Stadtteil gelegt und schien ihn endgültig verschließen zu wollen. Der nasse Asphalt verwandelte die Straßen in schwarze, dampfende Flüsse. Einzelne Fenster in den Fassaden leuchteten wie letzte Notlichter in grauer Wildnis.

Paula hatte die Kapuze ihrer Regenjacke tief ins Gesicht gezogen und kämpfte sich mit eingezogenem Kopf voran zur Schule. Der scharfe Wind peitschte ihr den Regen in Mund und Nase, raubte ihr Sicht und Atem. Immer wieder war Paula zum Stehenbleiben gezwungen, drehte sich mit dem Rücken zum Wind, mühte sich rückwärts wenige Schritte gegen den Wind voran und bot dem Wetter erneut tapfer die Stirn. Nur noch wenige Meter, bis sie die Höhe des EZ erreicht hatte, dessen mächtige Gebäude ihr kurzzeitig ein wenig Schutz vor dem nassen Wind bieten würden. Von dort war es nicht mehr weit zur Schule.

Das EZ hatte noch geschlossen. Seitdem die Läden abends nicht mehr so früh schlossen, öffneten sie morgens später. Die Geschäfte hatten also ebenso kurz geöffnet wie früher auch, nur die Zeiten hatten sich verschoben. Zum Abendessen konnte man jetzt zwar gut einkaufen, zum Frühstück allerdings sah man nun in die Röhre. Erst zur großen Pause würden die ersten Läden ihre Türen öffnen.

Paula kämpfte sich weiter voran, fühlte in der Tasche nach Geld, das sie bekommen hatte, um sich in der Pause ein Getränk kaufen zu können. Wenigstens brauchte sie bei diesem Wetter nicht auf die Prinzessinnen zu achten. Die würden sich hüten und bei diesem Regen auf der Straße herumlungern. In der Schule ließen sie sich ohnehin nie blicken, höchstens davor. Aber um diese Zeit schliefen sie wohl noch.

Paula ging an der verschlossenen Glastür des EZ vorbei, blickte kurz hindurch, zog den Kopf wieder ein und schleppte sich weiter voran.

War da etwas gewesen?

Sie glaubte, im EZ hätte sich etwas bewegt. Vermutlich einer der Wachleute oder ein Geschäftsinhaber, der etwas aufbaute. Sie sah auf ihre Uhr. Mit zwei Fingern wischte sie das nass geregnete Uhrenglas frei, ehe sie etwas erkennen konnte. Zwanzig vor acht. Das EZ öffnete um neun. Weshalb sollte jetzt schon jemand dort sein?

Trotzdem: Da war doch etwas gewesen!

Im stürmischen Regen ging Paula wieder die drei Schritte zurück, presste ihr Gesicht an die Scheibe. Wieder huschte ein Schatten an der Ladenfront entlang. Nur kurz war er zu sehen, verschwand dann hinter der Rolltreppe. Auf der anderen Seite tauchte er wieder auf, ging hinüber zu den anderen Läden, rüttelte an der Tür des Juweliers, ließ davon ab, sah sich hektisch um und ... Paula drückte ihr Gesicht fester an die Scheibe. Das konnte doch nicht sein!

Verflucht. Die Scheibe war schmutzig, nass und beschlagen. Paula konnte alles nur undeutlich erkennen. Aber trotzdem, das war doch ...! Sie putzte die Scheibe notdürftig mit dem Ärmel, blickte wieder hindurch und der Schatten verschwand hinter der Rolltreppe, ohne wieder aufzutauchen. Sosehr Paula sich anstrengte, sie konnte niemanden mehr sehen. Der Schatten war fort. Sie löste ihr Gesicht von der Scheibe, dachte nach, schüttelte sich. Der Verdacht blieb. Der Schatten, den sie gesehen hatte, sah aus wie Kea!

„Du spinnst!", lautete Myrtes Kommentar. Paula nahm es ihr nicht übel. Sie selbst würde es ja kaum für möglich halten, wenn sie es nicht mit eigenen Augen gesehen hätte. Ganz sicher war sie sich natürlich nicht. Die Sicht durch die Scheibe war zu schlecht gewesen, aber gut genug, um Kea erkennen zu können.

„Du hast dich getäuscht!", glaubte Myrte. „Du denkst so sehr über Kea nach, dass du schon Gespenster siehst."

Vielleicht hatte Myrte recht, räumte Paula ein. Trotzdem ließ sie das Gefühl nicht los, niemand anderes als Kea gesehen zu haben. Schon einmal hatte ihr Gefühl sie nicht im Stich gelassen, als sie darauf beharrte, Kea sei fortgelaufen. Zuerst hatte ihr niemand geglaubt, doch inzwischen gingen alle davon aus. Deshalb wollte Paula auch diesmal auf ihr Gefühl hören.

„Wer soll denn deiner Meinung nach um diese Zeit durchs EZ schleichen?", fragte sie.

Myrtes Antwort kam prompt: „Es sind tausend Möglichkeiten denkbar! Putzfrauen, Wachmänner, Einbrecher, Penner, was weiß ich!"

Eigentlich hatte Paula allen von ihrer Beobachtung erzählen wollen: der Schulklasse, den Lehrern, der Polizei. Doch Myrtes Reaktion zeigte, was sie zu erwarten hatte. Es war besser, sich selbst zu vergewissern, bevor sie ihre Beobachtung an die große Glocke hing.

„Kommst du mit?", fragte sie Myrte.

„Wohin?", wunderte die sich.

„Na, ins EZ. Kea suchen!"

Myrte schraubte ihren Zeigefinger gegen die Stirn. „Du spinnst. Wo sollen wir denn dort suchen? Die läuft doch nicht munter durchs belebte EZ!"

„Wieso belebt?", fragte Paula. „Das EZ hat noch geschlossen!"

Myrte zog die Augenbrauen hoch. Paula wollte also nicht, wie sie geglaubt hatte, am Nachmittag das EZ durchsuchen, sondern sofort!

„Du spinnst!", wiederholte sie.

Paula grinste. „Das bedeutet?"

Myrte schmunzelte. „Das bedeutet natürlich, dass ich mitkomme, du Verrückte!"

Paula hob sofort ihren Finger. „Darf ich mal aufs Klo?", fragte sie ihre Lehrerin.

Sie bekam die Erlaubnis.

Kaum hatte Paula sich erhoben, meldete sich Myrte. „Darf ich mit? Ich muss auch mal!"

„Scheint ja ziemlich dringend zu sein!", meinte die Lehrerin und ließ auch Myrte gehen. Der Weg war frei!

Matze

Das Gesicht schmerzte noch. Ebenso einige Rippen. An der Zahnwunde schmeckte er immer noch ein wenig Blut. Die Lippe war nach wie vor geschwollen. Die ersten Narben begannen zu jucken. Aber Matze wusste, dass er das Schlimmste hinter sich hatte. Er wollte nicht mehr zu Hause herumliegen, musste raus. Durchatmen. Ein paar Schritte gehen.

Er war ein friedlicher Typ, hatte sich nie etwas aus Kampfsportarten gemacht, womit er in diesem Stadtteil deutlich zur Minderheit gehörte. Das Haus der Jugend hatte große Schwierigkeiten, genügend Teilnehmer für seine einzelnen Hobbykurse zusammenzubekommen. Beliebt waren nur die Kickerautomaten, Tischtennisplatten und die Disco alle vierzehn Tage. Die Stadtteilbücherei kämpfte wegen sinkender Besucherzahlen ums Überleben. Jugendliche verirrten sich so gut wie nie dorthin. Und wenn, endeten sie nicht selten in Hausverbot wegen Randale. In dem zwei Busstationen entfernten McDonald's-Restaurant waren nachmittags mehr Jugendliche anzutreffen als in sämtlichen Kultureinrichtungen des Stadtteils zusammengenommen. Nur das Sportcenter konnte sich vor Andrang kaum retten, verhängte alle Vierteljahre einen Aufnahmestopp und platzte aus allen Nähten. Alle Kurse waren überbelegt: Kung-Fu, Kick-Boxen, Thai-Boxen, Judo, Karate, Taekwondo ... Matze kannte nicht einmal all die Namen der Kampfarten, die ein Großteil der Jugendlichen sich nicht nur antrainierte, sondern auch gern auf der Straße mal ausprobierte. Die Prinzessinnen gehörten dazu und beherrschten ihre Chakus so gut wie kaum jemand sonst in diesem Stadtteil. Er war chancenlos gewesen und letztlich hätte der Angriff auch schlimmere Folgen haben können. Er hatte noch Glück gehabt.

Als er unten vor der Türe stand, schaute er zunächst in alle Richtungen. Es war ein seltsames Gefühl, das erste Mal wieder allein auf die Straße zu gehen. Nur wenige hundert Meter entfernt war er zusammengeschlagen worden. Oben im Zimmer hatte Matze diese Angst nicht gespürt, jetzt war sie da, hatte sich in ihn eingeschlichen und breitete sich aus: die Angst vor Wiederholung.

Die Angst war nicht berechtigt, sagte er sich. Gut, in diesem Stadtteil ging es härter zu als in vielen anderen, aber auch hier wurde man nicht täglich auf der Straße überfallen und verprügelt. Mehr als zehn Jahre lebte er schon hier und es war ihm zuvor noch nie passiert. Und diesmal auch nur, weil er sich in eine Sache eingemischt hatte, die ihn eigentlich nichts anging. Vielleicht sollte er die Finger davon lassen?

Matze ging ein paar Schritte.

An einer Werbetafel klebte ein Plakat der Polizei:

WER NICHTS TUT, MACHT MIT

Die Aktion rief die Bürger zu mehr Zivilcourage auf.

Mit roter Spraydose war darübergeschmiert:

WER FERPFEIFT, STIERBT

Matze ging weiter; er dachte nach. Er hatte nicht weggeschaut, hatte sich eingemischt und dafür die Folgen erleiden müssen. Trotzdem bereute er seinen Schritt nicht. Er hatte Mut bewiesen. Zwar war er sich nicht sicher, ob er es ein zweites Mal genauso machen würde, ob er das nächste Mal größere Angst zeigen, mehr zögern und nachdenken würde, bevor er sich wieder einmischen würde, aber er fand, es einmal getan zu haben war ein erster Schritt. Das sollten ihm andere Leute erst einmal nachmachen. Würden sich mehr wie er zur Wehr setzen, hätten die Prinzessinnen keine Chance, den Stadtteil zu terrorisieren. Aber die Leute regten sich nicht, zerrissen sich lieber ihre Mäuler über Kea, tuschelten, ob „die Negerin" die Frau nicht doch umgebracht hatte, gaben mit ihren Äußerungen und Vermutungen den Zeitungen täglich neuen Nährstoff, den diese gern aufnahmen und somit für neuen Nährstoff sorgten. Es war ein Kreislauf. Soweit er wusste, hatte noch niemand Keas Mutter geholfen. Auch die Schulklasse nicht, soweit Paula und Myrte berichtet hatten. Man wartete ab und schaute zu, was die Polizei unternahm. Keas Mutter blieb allein mit ihren Sorgen. Warum haben wir sie nicht längst besucht?, fragte sich Matze und nahm sich vor, noch am selben Tag genau dies Paula und Myrte vorzuschlagen.

Er sah auf die Uhr. Bald würde das EZ öffnen und auch sein Supermarkt. Nicht dass er Sehnsucht nach seiner Arbeit oder seinem Chef verspürt hätte, aber die Kassiererinnen fand er nett und die Auszubildende in der Metzgerei war auch nicht ohne. Okay, die hatte einen Freund, aber ein kleiner Plausch durfte wohl erlaubt sein. Und da Matze ohnehin Langeweile hatte, beschloss er seinen Kolleginnen einen Besuch abzustatten. Er überquerte die Straßenseite und traf auf Paula und Myrte, die vor dem EZ standen und durch die noch verschlossene Tür glotzten.

„Hallo!", begrüßte er sie.

Die Mädchen freuten sich überschwänglich Matze so überraschend wiederzusehen. Sie fielen ihm um den Hals, sodass Matze vor Schmerz aufschrie: „Vorsicht! Meine Verletzungen!"

Die Mädchen entschuldigten sich und überschütteten ihn mit Fragen nach seinem Befinden. Endlich kam er dazu, seinerseits zu fragen, was die Mädchen hier taten.

Paula erklärte es ihm. Aus Myrtes Mimik erkannte Matze, wie wenig sie Paulas Beobachtung ernst nahm. Offenbar war sie nur aus Freundschaft mitgekommen.

„Und jetzt warten wir eben, dass das EZ öffnet!", beendete Paula ihren Bericht.

„Es hat schon offen!", sagte Matze lächelnd.

„Ach ja?", wunderte sich Myrte und rüttelte an der verschlossenen Tür. „Dann hast du wohl einen Geheimcode?"

„Nö!", antwortete Matze. „Aber einen Geheimgang!"

„Geheimgang?" Paulas Augen begannen zu leuchten.

Matze zuckte mit den Schultern. „Na ja, in Wahrheit nur der Personaleingang", gab er zu. „Aber man muss halt wissen, wo der ist!"

Verschleppt

Kea aß das trockene Brot, obwohl es ihr nicht schmeckte und sie auch keinen Hunger verspürte. Sie befürchtete, dass sie ihr das Brot wieder entreißen würden, und dann hätte sie später nichts, wenn sie vielleicht doch Hunger bekam. Langsam kaute sie das trockene Brot, trank einen Schluck Wasser dazu, um den Bissen schlucken zu können. Die Prinzessinnen standen um sie herum und hatten ihren Spaß an Keas Leid. Kea wollte die gehässigen Bemerkungen überhören, doch es gelang ihr nicht. Jede einzelne Bemerkung bohrte sich in sie hinein wie ein Messerstich ins wunde Fleisch. Kea war nicht nur traurig und beschämt, sondern auch wütend. Aber sie fühlte sich wehrlos. Sie hatte nicht aufgepasst an der Bushaltestelle, die Prinzessinnen zu spät entdeckt, hätte es sonst vielleicht noch geschafft, fortzulaufen. Vielleicht. Für einen Moment hatte sie um Hilfe rufen wollen. Doch es war niemand in der Nähe gewesen. Hinter ihr die befahrene Straße mit ihrem Lärm. Sicher hätte niemand wegen ihr angehalten. Vor ihr die ersten Türme der Hochhäuser. Den ganzen Tag herrschte Geschrei in dem Stadtteil: Männer schrien ihre Frauen an, Mütter ihre Kinder, Kinder brüllten und kreischten, Betrunkene grölten. Kea hätte bis ans Ende ihrer Tage um Hilfe rufen können, es hätte niemand gehört. So hatte sie sich auf Prügel eingestellt, hatte sich bereits schützend auf dem Boden zusammenrollen wollen. Die ersten zwei der Prinzessinnen waren auch schon auf sie zugekommen, bereit zuzuschlagen, doch Lady – die Anführerin – hatte sie zurückgehalten. Allerdings nicht, um sie zu retten. Kea war verschleppt worden. Hierher in den Keller des EZ, den Kea bis dahin nie zuvor gesehen hatte. Zwei der Prinzessinnen hatten sie bewacht, die anderen hatte Gegenstände geholt, die sie anfassen sollte: Schlüssel,

Schmuck, Vasen und einige andere Dinge mehr. Kea hatte nicht gewusst, weshalb sie aufgefordert worden war, diese Dinge zu berühren, aber sie tat, wie ihr befohlen. Dann hatte sie allein im Keller übernachten müssen, bewacht von jeweils einer der Prinzessinnen, die sich alle drei Stunden ablösten. Lady, die Anführerin, hatte sich dieser Strapaze nicht unterworfen. Lady erschien erst am frühen Morgen, scheuchte Kea auf und befahl ihr, ein wenig im EZ hin und her zu laufen und an der Tür des Juweliers zu rütteln.

Auch hier hatte Kea den Sinn nicht verstanden, erledigte halbherzig ihren Auftrag, doch konzentrierte sie sich in Wahrheit darauf, eine Fluchtmöglichkeit zu finden. Vergeblich. Schließlich musste sie doch zurück zu Lady, die sie im Keller mit einer Freundlichkeit empfing, die höchste Gefahr verhieß.

„Ich habe dich beobachtet", sagte sie in ruhigem Ton, der Kea eine Gänsehaut über den Rücken laufen ließ. „Du wolltest abhauen!"

„Nein!", beteuerte Kea. Natürlich hatte sie das gewollt. Was für eine Frage! Jeder, der gefangen gehalten wird, versucht zu fliehen. Was bildete sich Lady ein? Kea war zum Ausgang gelaufen, doch der war noch verschlossen gewesen. Das gesamte EZ war noch verschlossen. Niemand kam herein oder heraus, wenn er nicht einen Schlüssel besaß oder Zugang zum Personaleingang hatte. Kea wusste nicht, wie sie in das Einkaufszentrum gekommen war. Die Prinzessinnen hatten sie an der Bushaltestelle in ihre Mitte genommen, sie mit sich geführt und ihr kurz vor dem EZ die Augen verbunden. Als ihr die Binde wieder abgenommen worden war, befand sich Kea in einem dunklen Kellerraum, offenbar unterhalb der Einkaufszentrums. Mitten in dem riesigen Einkaufsparadies war Kea unterhalb all der schicken Schaufenster gefangen wie eine Sklavin.

„Doch!", sagte Lady. „Ich habe es genau gesehen! Du wolltest abhauen und jetzt lügst du mich auch noch an. Das sind gleich zwei Verstöße." Sie trat an Kea heran und verpasste ihr eine schallende Ohrfeige.

Keas Wange brannte. Sie biss die Zähne zusammen. Ihre Lippen zitterten vor Schmerz.

„Die war für den Fluchtversuch!", sagte Lady. Eine zweite Ohrfeige folgte. „Und die für die Lüge!"

Kea zuckte zusammen, konnte die Tränen kaum noch unterdrücken.

„Und jetzt wollen wir dir mal zeigen, was Gehorsam ist!"

Kea wich zurück, stieß mit dem Rücken gegen die kalte Wand. Es gab keine Ausweichmöglichkeit.

Perle und Big stürzten sich auf Kea, verdrehten ihr die Arme, traten nach ihr, während Clarissa ihr eine Sonnenbrille aufsetzte, durch die man nichts sehen konnte. Die Gläser waren auf der Innenseite mit schwarzer Farbe zugesprüht worden. So waren Keas Augen verbunden, ohne dass ein Passant es bemerkt hätte. Die Prinzessinnen zerrten Kea aus dem Kellerraum heraus.

Spuren

Paula hatte sich immer schon mal gewünscht, allein durch ein menschenleeres Einkaufszentrum gehen zu dürfen. Allerdings hatte sie sich die Rahmenbedingungen angenehmer vorgestellt und lieber in all den Auslagen der Geschäfte stöbern wollen, statt nach einer verschollenen Mitschülerin zu suchen. Vielleicht erwies sich ihre Beobachtung ohnehin nur als Hirngespinst. Trotzdem musste sie es versuchen. Andernfalls hätte sie keine ruhige Minute bekommen. Wo sollten sie mit der Suche beginnen?

Matze hatte eine Idee: „Wo würdet ihr euch denn verstecken?", fragte er in die Runde.

„Keine Ahnung!", antwortete Myrte. „Ich kenne nicht einen einzigen Hinterausgang oder so! Ich kenne die Geschäfte nur von der Schaufensterseite aus!"

Paula nickte. Ihr erging es genauso.

„Eben!", stimmte Matze zu. „Ich glaube nicht, dass Kea sich mit den Personaleingängen und im Keller auskennt!"

„Aber ich habe sie gesehen!", beharrte Paula. „Und durch einen offiziellen Eingang kann sie ja nicht gekommen sein!"

„Stimmt!" Genau darauf wollte Matze hinaus. „Aber vielleicht ist sie nicht freiwillig hier, sondern wurde von jemandem geführt, der sich hier auskennt!"

Paula schlug sich vor die Stirn. Das wäre ja ein Ding! Vielleicht ist Kea nie fort gewesen, sondern wurde innerhalb des Einkaufszentrums entführt und gefangen gehalten? Aber ein Lastwagenfahrer hatte sie doch gesehen?

„Vielleicht!", steuerte Matze bei. „Vielleicht hat der sich getäuscht. Oder Kea kam zurück und wurde abgefangen!"

„Abgefangen?", rief Myrte aus. Sie musste nicht mehr erwähnen. Alle drei hatten den gleichen Gedanken: die Prinzessinnen! „Würde mich nicht wundern, wenn die sich hier in den Kellerräumen auskennen!", meinte Paula.

„Ab in den Keller!", rief Matze. Er kannte sich aus. Es war das alte Azubi-Schicksal: Wurde etwas aus dem Keller benötigt, wurde er geschickt. Matze vermutete, dass sein Chef noch nie im Keller des EZ gewesen war. Er erinnerte sich an Tage, an denen er vier- bis fünfmal hatte hinunterrennen müssen.

Sie liefen durch eine Notausgangstür, gelangten ins Treppenhaus, stiegen die Treppen hinunter bis zum Keller. Matze öffnete die Tür, ließ die beiden Mädchen durch. Nun standen sie in einem langen Kellergang, der mit grellem Neonlicht beleuchtet war. An den Wänden führten Heizungsrohre und Leitungen entlang.

„Wie ich es mir dachte!", sagte Matze. „Normalerweise ist die Tür verschlossen. Sie war aber offen. Also war jemand hier!"

Ein flaues Gefühl machte sich sofort in Paulas Magen breit. Sie schaute Myrte an, der es offenbar nicht besser ging. Wer immer hier unten gewesen war, er konnte noch hier sein. Paula stellte sich vor hier unten in den Kellergängen, in denen sie niemand hören konnte, den Prinzessinnen zu begegnen. Zweimal war sie ihnen haarscharf entkommen. Ein drittes Mal konnte es schiefgehen. Am liebsten wäre sie sofort wieder umgekehrt, hoffte aber, Matze oder Myrte würden diesen Vorschlag machen. Nacheinander schaute sie beide an. Vergeblich. Matze und Myrte sahen zwar auch nicht gerade glücklich aus, aber keiner von beiden sagte etwas von Rückzug. Im Gegenteil.

„Dort entlang!", schlug Matze vor und zeigte auf den Weg vom Ausgang fort.

Mist, dachte Paula, schwieg aber. Sie versuchte, ihre Gedanken an das Schlimmste zu verdrängen und sich das Bestmögliche vorzustellen: Kea zu finden. Ihre Furcht wurde trotzdem mit jedem Schritt größer. Plötzlich glaubte sie, etwas gehört zu haben. Ein Räuspern vielleicht oder ein Lachen, vielleicht auch ein Nieser.

„Da war was!", flüsterte sie.

Matze und Myrte blieben stehen und horchten.

„Klopfzeichen!", glaubte Myrte.

Paula hielt es für möglich.

Matze zeigte an, aus welcher Richtung seiner Meinung nach die Klopfzeichen kamen. Langsam schlichen sie voran, setzten vorsichtig einen Schritt vor den anderen. Paula wusste nicht mehr recht zu unterscheiden, ob sie noch immer das Klopfen hörte oder ob es nicht das Pochen ihres Herzens war. Verdammt, was machte sie hier? Warum kehrte sie nicht um? Weiter voran.

Plötzlich donnerte es. Paula fuhr zusammen, schrie auf. Ihr Herz schien für einen Augenblick stehen zu bleiben. „Was war das?"

„Die Tür!", antwortete Matze. „Sie ist hinter uns zugeschlagen!"

„Scheiße!", flüsterte Paula. Sie versuchte, sich zu beruhigen. Gar nicht so leicht, wenn man das Gefühl hat, das Herz springt einem jeden Moment aus dem Leib.

„Habt ihr gar keine Angst?", fragte sie die anderen.

„Keine Angst?", antwortete Myrte. „Ich mach mir gleich in die Hose!"

„Und du?"

„Ich brenne nicht darauf, den Prinzessinnen ein zweites Mal in die Quere zu kommen!", gab Matze zu.

„Und wieso sind wir dann hier?", fragte Paula. Endlich sah sie eine Chance, zu verschwinden.

„Als die Prinzessinnen auf mich eingeprügelt haben, hat keiner geholfen", antwortete Matze.

„Aber ...", wollte Myrte einwenden.

„Euch meine ich nicht", unterbrach Matze sie. „Ich meine die Bewohner. Aus jeder Wohnung des Blocks kann man auf den Spielplatz im Innenhof sehen. Ich weiß nicht, wie viele zig Wohnungen das sind. Zwei- oder dreihundert vielleicht. Aber gekommen ist niemand. Während ich dort lag und die auf mich einprügelten, schwor ich mir, dass ich niemals jemand so hängen lassen würde. Wenn Kea hier unten ist, dann finden wir sie auch!"

Matze wartete keinen weiteren Einwand ab. Er ging einfach weiter. Paula und Myrte folgten. Das Klopfen war noch immer zu hören. Je näher sie kamen, desto lauter wurde es. Paula hätte gern etwas gerufen. Wenn es tatsächlich Kea war, die Klopfzeichen gab, sollte sie wissen, dass jemand da war, der nach ihr suchte, dass Hilfe nahte. Aber wenn sie nur die Prinzessinnen aufschrecken würden? Plötzlich fiel ihr ein: „Kea ist allein!"

„Wie kommst du darauf?"

„Wenn sie eine Bewachung hätte, würde man sie am Klopfen hindern, oder nicht?"

„Stimmt!", freute sich Myrte.

Und sofort riefen alle drei zusammen aus Leibeskräften nach Kea.

Kea antwortete nicht.

Stattdessen ging das Klopfen weiter.

„Die hört uns nicht!", stellte Myrte verblüfft fest. „Aber wenn wir das Klopfen hören, müsste sie doch auch uns hören!"

Jetzt ging Paula voran. Das Klopfen war mittlerweile sehr laut geworden. Das konnte doch gar nicht mehr weit sein. Sie ging nur noch zehn oder zwanzig Schritte, blieb stehen, sah auf der linken Seite in einen Raum hinein und rief: „So ein Mist!"

Matze und Myrte liefen heran und sahen, was Paula meinte.

Mitten in dem leeren Kellerraum stand ein Metalleimer auf dem Boden. Darüber an der Decke leckte eine Wasserleitung und tropfte direkt in den Eimer hinein. Durch den Hall der kahlen Gänge dröhnten die Tropfen durch den gesamten Keller, als ob jemand regelmäßig gegen ein Rohr schlug.

„Voller Reinfall!", kommentierte Matze.

„Nicht ganz!", widersprach Myrte. „Schaut mal!"

In der Ecke des Raumes lagen Essensreste und ein paar abgeschnittene Seile. Paula entdeckte hinter der Tür eine alte, abgewetzte Matratze, zwei leere Coladosen, benutzte Papiertaschentücher, blutverschmiert. Kein Zweifel. Hier war jemand gefangen gehalten worden!

Hilflos

Kea erging es wie allen anderen Menschen auf der Welt auch. Wenn man eine Katastrophe, ein Verbrechen oder auch eine schwere Krankheit im Fernsehen sah, dann betraf das immer andere. Zwar fürchtete man im Hinterstübchen, selbst einmal Opfer werden zu können, aber wirklich vorstellen konnte man es sich nicht. Nicht einmal dann, wenn es einen selbst schon voll erwischt hat. Kea wusste, wo sie war und was mit ihr geschah. Glauben konnte sie es trotzdem noch immer nicht so richtig. Sie fand sich an einen Baum gefesselt wieder, halb nackt. Der Baum gehörte zu dem kleinen Wäldchen neben dem See, keine fünf Minuten von ihrem Zuhause entfernt. Der See wurde gern von Spaziergängern besucht, ab und an verlief sich auch mal jemand in dieses Wäldchen. Hätte sie die Möglichkeit, laut zu rufen, bestimmt würde sie jemand hören. Der nächste Spaziergänger oder Jogger war sicher nicht weiter als zwei Minuten entfernt. Doch Keas Mund war durch einen Knebel verschlossen. Vor ihr standen die vier Prinzessinnen und lachten sie an.

Kea zitterte. Vor Kälte, weil sie nichts trug als ihr Höschen. Und vor Angst. Sie sah ihre Kleidung vor sich auf einem Haufen.

„Wäre doch schade, wenn die Klamotten leiden!", grinste Lady. Sie kam einen Schritt näher an Kea heran. „Hier stinkt's!", sagte sie.

„Da ist mal wieder eine Wäsche fällig!", rief Big ihr zu.

Lady spuckte Kea ins Gesicht.

Die Prinzessinnen johlten.

Kea wandte den Kopf ab, ekelte sich, schüttelte sich, hätte sich am liebsten übergeben.

Big zündete eine Zigarette an und übergab sie Lady. Lady hielt die Glut dicht an Keas Körper.

Kea machte vor Angst in die Hose.

Clarissa, Big und Perle warfen sich auf den Boden vor Lachen. „Seht euch die Pissnelke an!", grölten sie.

Kea schloss die Augen. Wie war sie in diese Lage gekommen? Wieso hatte sie die Prinzessinnen nicht aus dem Bus heraus gesehen? Wie konnte sie so naiv gewesen sein einfach auszusteigen, ohne zu schauen, wem sie da direkt in die Arme lief? Jetzt war sie den vier teuflischen Mädchen mit Haut und Haar ausgeliefert. Die vier waren fest entschlossen, dies voll und ganz auszunutzen und machten sich einen Spaß daraus. Sie konnte auf kein Mitleid hoffen. Im Gegenteil: Je mehr sie litt, desto mehr Freude würden die vier empfinden.

„Denk bloß nicht, wir machen das hier zum Spaß!", sagte Lady mit süffisantem Lächeln und drückte Kea die Glut auf die Schulter.

Kea schrie auf.

Lady verzog keine Miene. „Wir wollen nur, dass du gehorchst!", schärfte sie ihr ein. „Jetzt bekommst du eine kleine Kostprobe davon, was passiert, wenn du nicht parierst!"

„Darf ich?", bettelte Big.

Lady wich einen Schritt zurück.

Big trat an Kea heran.

Kea wusste, sie würde nicht eher von der Qual befreit sein, ehe nicht jede der vier Prinzessinnen sich an ihr ausgelassen hatte. Sie hörte nicht mehr das Gelächter der Teufelinnen, achtete nicht auf ihre Befehle und Bemerkungen. Sie schloss die Augen, erlitt ihren Schmerz, ignorierte die Tränen, die ihr über die Wangen liefen, und entschwand in eine ferne Welt.

Sie hatte viel gelesen über die Heimat ihres Vaters, die sie mehr und mehr auch als ihre Heimat ersehnte; über die Schwarzen, die sich jahrzehntelang gegen die weiße Terrorherrschaft zur Wehr gesetzt hatten. Über die tägliche Erniedrigung der Schwarzen auf den Straßen, das Elend in den Gettos, die Folter in den Gefängnissen, über Nelson Mandela, der vierzig Jahre lang eingekerkert war, bevor er befreit und Präsident des Landes wurde. Niemals hätte Kea sich gedacht, dass sie selbst eines Tages gefesselt von vier Weißen misshandelt werden würde. Sie war in Deutschland geboren, einem Land, in dem Recht und Ordnung herrschte, einem demokratischen, toleranten Land.

Kea flog in Gedanken zu ihrem Vater. Wäre er doch nicht so entsetzlich weit fort! Wäre sie doch bei ihm! Warum war sie in einem Land geboren worden, in dem man sie demütigte und folterte? Waren Vater und Mutter damals nicht gerade deshalb hierher gekommen, um ihr genau dieses Schicksal zu ersparen? In Südafrika würde sie mit Freundinnen gemeinsam in die Schule gehen und nicht, an einem Baum gefesselt, glühende Zigaretten auf ihrem Körper ertragen müssen. Kea weinte und schrie. Aber es war nicht nur der Schmerz der Zigaretten, der sie schreien ließ.

Notruf

Paula, Myrte und Matze mussten sofort die Polizei über ihre Entdeckung informieren. Das war keine Frage. Allerdings, fiel Myrte ein, würde die Polizei sie fragen, wie sie das Kellergefängnis überhaupt gefunden hatten. Die Vorwürfe konnten sie sich an einer Hand abzählen: Wieso sie auf eigene Faust Nachforschungen anstellten, was sie unbefugterweise im Keller des EZ zu suchen hatten, wie sie dorthin gekommen waren und so weiter. Man kannte das. Da waren Polizisten bestimmt nicht anders als Lehrer und die hätten das auch alles gefragt.

Es war wieder einmal Matze, der die zündende Idee hatte. Er war schließlich in einem der Läden beschäftigt und musste alle naslang in den Keller gehen. Dass er noch krankgeschrieben war, würde die Polizei sicher erst sehr viel später erfahren. Also rief er die Polizei an und die Mädchen verschwanden.

Matze wartete auf die Polizei. Paula und Myrte verließen das EZ auf demselben Wege, auf dem sie gekommen waren. Sie sahen auf die Uhr. Zur Schule zurückzukehren lohnte sich nicht, beschlossen sie. Zu früh nach Haus zu kommen, würde unnötige Fragen der Eltern provozieren. Vormittags im EZ herumzulungern, barg die Gefahr, Lehrern mit Freistunde oder Nachbarinnen mit Plappermaul zu begegnen. Also blieb nur der See. Der Regen hatte aufgehört. Zwar zogen noch immer dicke Wolken am Himmel vorbei, doch hier und da gab ein Riss in der Wolkendecke einen schmalen Blick auf blauen Himmel frei. Straße und Wege waren nass geregnet, doch einen Spaziergang um den See verhinderten sie nicht.

Eine Stunde wollten sie fortbleiben, hatten Paula und Myrte sich vorgenommen. Danach wäre die Polizei sicher wieder abgezogen und Matze konnte berichten, was die Beamten gesagt und unternommen hatten.

Paula schien sich jedenfalls nicht verguckt zu haben: Kea war durchs EZ gelaufen und vorher offenbar im Keller gefesselt gewesen.

„Und wenn es gar nicht Kea war?", überlegte Myrte.

Paula lachte auf. „Na hör mal. Meinst du, hier verschwinden ständig Leute? Zufällig am selben Morgen, an dem ich Kea sehe, finden wir das Versteck von einer anderen Gefangenen? Sehr unwahrscheinlich!"

Das klang plausibel, räumte Myrte ein.

Wenn aber Kea erst gefangen war und dann durchs EZ lief, war sie wohl auf der Flucht gewesen. Wenn ihr die geglückt war, wo befand sich Kea dann jetzt? Zu Hause? Oder versteckte sie sich? Wenn sie sich versteckte, wieso war sie dann in den Stadtteil zurückgekehrt? Je mehr Myrte und Paula diskutierten, desto mehr Fragen taten sich auf. Sie verstanden die Zusammenhänge überhaupt nicht mehr.

Bis Paula sich die Augen rieb. Hatte sie tatsächlich Halluzinationen? Sie sah Kea schon wieder! Doch diesmal war sie mit ihrer Beobachtung nicht allein. Auch Myrte sah Kea. Drüben auf der anderen Seite des Sees kam sie aus dem Wäldchen, links und rechts begleitet von jeweils zwei Prinzessinnen. Kea stolperte und taumelte. Abwechselnd stießen die Prinzessinnen sie vor sich her. Eine Gefangene!

„Ich werde verrückt! Was machen wir denn jetzt?"

„Die Polizei rufen!", schlug Myrte vor.

„Ehe die hier ist, sind die verschwunden!", wandte Paula ein.

„Trotzdem!", beharrte Myrte, zog ihr Handy aus der Tasche und wählte die Nummer des Notrufs.

Es meldete sich eine männliche Stimme, die ...

Halluzination
Sinnestäuschung

Myrte ließ sie nicht zu Wort kommen. „Schnell, schnell!", rief sie ins Telefon. „Kea ist hier. Wir sehen sie. Sie müssen schnell hierherkommen!"

„Wer spricht da?", fragte der Polizist in der Zentrale.

„Das ist doch wurstegal. Hören Sie: Kea ist hier. Die Prinzessinnen haben sie gefangen genommen!"

„Du musst sagen, wo wir sind!", sagte Paula.

„Prinzessinnen?", fragte der Polizist.

„Am See! Wir sind am See!", rief Myrte.

„Was für Prinzessinnen? Was für ein See? Hör mal, ein Notruf ist kein Spielzeug! Der Missbrauch ist strafbar!"

„Wieso Missbrauch?", fragte jetzt Myrte.

„Sie hauen ab!" Aufgeregt zupfte Paula Myrte am Ärmel.

„Jetzt sag mal deinen Namen!", forderte der Polizist.

„Mann, verstehen Sie doch!", beschwor Myrte den Polizisten.

„Sie verschwinden über die Wiese. Wir müssen hinterher!"

„Was?"

„Deinen Namen!"

„Sie meinte ich gar nicht!"

„Was?"

„Sie hauen ab!"

„Scheiße!"

„Na hör mal!"

Myrte wusste nicht mehr, wer was sagte, wem sie was antworten sollte. Das Gespräch war verkorkst. Der Polizist verstand sie nicht. Die Prinzessinnen türmten mit Kea. Paula war schon losgelaufen. „Los!", forderte sie.

Myrte beendete das Gespräch und lief Paula hinterher.

Teuflischer Plan

Kea war den Prinzessinnen wie ein Wunder erschienen. Als sie aus dem Bus ausstieg, war es Lady sofort klar. Keas Rückkehr konnte alle Probleme lösen: Clarissas Dummheit ausbügeln, die Alte kaltgemacht zu haben; sich die Bullen mit ihren Fragen und Nachforschungen vom Leib halten; und sich wieder Respekt im Revier zu verschaffen. Mehr denn je.

Lady hatte deshalb auch keinen Moment gezögert, den Befehl zu geben, sich Kea zu schnappen und ins Versteck zu bringen. Das geniale Versteck. Keine andere Gruppe aus dem Stadtteil war dreist genug, sich solch einen Unterschlupf zu suchen.

Sie hatten den Sohn des EZ-Hausmeisters gezwungen ihnen Nachschlüssel zu besorgen, sich alle Räume angesehen und sich schließlich für einen Kellerraum entschieden, der einmal für eine Werkstatt vorgesehen war, die nie eingerichtet wurde. Ein idealer Raum, um sich zu verkriechen oder jemanden festzuhalten: direkt unter dem EZ! Echt scharf.

Da die Bullen sowohl im Raum der kaltgemachten Alten als auch bei der neuen Alten, die sie sich ausgeguckt hatten, Fingerabdrücke vermissten, mussten sie welche nachreichen. Sie hatten Kea verschiedene Gegenstände anfassen lassen, die sie beizeiten in die Wohnungen schmuggeln oder auf anderem Wege den Bullen zukommen lassen würden. So konnte im Nachhinein belegt werden, dass Kea sich in beiden Wohnungen aufgehalten haben musste. Kea würde zu den Anschuldigungen nichts mehr sagen können. Denn Kea würde nicht mehr lange leben!

Am liebsten hätten sie Kea ja gleich im Wald kaltgemacht. Aber das ging nicht. Wenn die Bullen sie mit aufgeschnittenen Pulsadern im Wald finden würden, wäre das nicht überzeugend genug für einen Selbstmord. Man brauchte Zeugen. Die ganze Nacht hatte Lady gegrübelt, wie sie es anstellen sollte, dass Kea unter Zeugen ihren eigenen Tod vorbereitete. Der Tag war schon angebrochen und sie hatte immer noch keine Idee gehabt. Bis zur ersten Zigarette des Tages. Als sie sich die Fluppe mit dem Feuerzeug anzündete, war ihr ein Licht aufgegangen. Ihr Plan hatte sogar noch den Vorteil, den Mädchen den Spaß gönnen zu können, sich vor Keas Tod noch ein wenig mit ihr zu vergnügen.

Kea hatte nur noch höchstens eine Stunde zu leben, doch davon ahnte weder sie noch die anderen Mädchen etwas. Es würde eine schöne Bewährungsprobe für Clarissa werden. Der Spaß, den sie mit der gefesselten Kea gehabt hatten, müsste genügt haben, um Kea ausreichend einzuschüchtern.

„Wohin wollen wir eigentlich mit ihr?", fragte Clarissa.

Lady antwortete nicht, zeigte nur die Richtung an, raus aus dem Stadtteil zur großen Straße. Der Weg dorthin war nicht weit.

Lady stoppte, packte Kea an den Haaren.

„Hat dir unsere kleine Behandlung gefallen?", fragte sie.

Kea antwortete nicht.

„Du kannst sie in Zukunft vermeiden!", lächelte Lady sie an.

Kea verzog keine Miene. Nur ein Zucken ihrer Augenbrauen verriet erhöhte Aufmerksamkeit. Lady war es nicht entgangen.

„Willst du deine Mutter wiedersehen?"

Kea nickte zaghaft. Es gab keinen Grund, Lady zu trauen.

„Du kannst deine Mutter wiedersehen und neue Spielchen an dir vermeiden, wenn du uns hin und wieder einen kleinen Gefallen tust!"

Kea blickte Lady misstrauisch an.

„Willst du?" Lady zog etwas fester an Keas Haaren.

„Ja!", quälte Kea sich heraus.

„Schwörst du?"

„Ja!"

„Wenn du Zicken machst, binden wir dich wieder an einen Baum und diesmal kommst du nicht so glimpflich davon. Klar?"

„Ja!"

„Gut!"

„Was soll ich denn tun?"

Lady grinste. „Die Frage gefällt mir!"

„Leck mir die Stiefel!", schlug Big vor und streckte ihren rechten Fuß vor.

Perle lachte. „Ja! Mach!"

„Bin nämlich gerade in Hundescheiße getreten!", ergänzte Big.

Perles Stimme überschlug sich vor Lachen: „Geil!"

„Quatsch! Lasst den Scheiß!", befahl Lady. Sie schnipste mit den Fingern. „Gib ihr Geld!"

Big starrte Lady an. „Was?"

„Gib ihr zwanzig Euro!", befahl Lady.

„Aber …!" Big sah unsicher zu Perle. Die zuckte mit den Schultern, wusste auch nicht, was in Lady gefahren war.

„Wird's bald?"

Big fischte das Geld aus ihrer Hosentasche und reichte Kea einen Zwanzig-Euro-Schein.

Lady flüsterte Kea etwas ins Ohr.

Kea zog die Augenbrauen hoch, fragte nach.

Lady wiederholte es.

Perle, Big und Clarissa verstanden nicht ein Wort.

„Wir treffen uns dort am Parkplatz!" Sie zeigte auf einen großen Platz, auf dem nur einige Lkw-Anhänger standen.

Kea überquerte die Straße hinüber zur Tankstelle, keine zweihundert Meter von dem Parkplatz entfernt, auf dem die Prinzessinnen auf sie warteten.

Angst

Das war die Chance! Sie konnte abhauen. Die Prinzessinnen hatten sie allein gehen lassen. Sie waren sich also sicher, dass sie nicht fliehen würde. Wie konnten die nur so dumm sein? Natürlich würde sie nicht zu ihnen zurückkehren. Sie war ja froh frei zu sein. Am Bus war sie abgegriffen worden, hatte die ganze Nacht in einem Keller schlafen müssen und war dann heute Morgen gefoltert worden. Wie konnte da ernsthaft jemand glauben, sie würde freiwillig in die Klauen der Prinzessinnen zurückkehren?

Kea hatte die Straße hinter sich gelassen, ging nun auf das Kassenhäuschen der Tankstelle zu. Sie schaute nach rechts Richtung Parkplatz. Niemand konnte sie von dort aus sehen. Sie brauchte jetzt nur in die andere Richtung verschwinden.

Und dann?

Für heute wäre sie die Prinzessinnen los, konnte endlich zu ihrer Mutter zurückkehren, die sicher alles für sie tun würde, damit sie nicht wegen Mordes ins Gefängnis musste. Aber dann? Mehr konnte ihre Mutter nicht tun. Kea würde weiter in diesem Stadtteil leben und irgendwann den Prinzessinnen begegnen.

Sie konnte nicht ewig vor ihnen fliehen. Nicht jeden Tag, jede Stunde – jede Minute müsste sie auf der Hut sein; auf dem Schulweg, dem Weg zum Einkaufen, zum Bus, einfach immer, wenn sie sich aus der Wohnung herausbewegte. Das konnte sie nicht. Kea musste gar nicht lange darüber nachdenken. Eines Tages würde sie erwischt werden und dann erst recht von den Prinzessinnen gefoltert werden. Lady hatte es angekündigt. Die scherzte nicht.

Kea öffnete die Tür des Tankstellen-Shops, trat ein.

Welche andere Möglichkeit gab es?

Ein paar Erledigungen sollte sie für die Prinzessinnen machen. Dann würde sie in Ruhe gelassen werden. Lady hatte es zugesagt. Kea traute ihr nicht. Aber gab es eine andere Chance? Vielleicht hielt Lady ja doch Wort. Ein paar Erledigungen. Wie diese.

„Hallo. Was darf's sein?", fragte der Tankwart.

„Einen Kanister und zehn Liter Benzin!", antwortete Kea.

Fünf Minuten später stand sie an der Tankstelle mit dem gefüllten Kanister in der Hand. Sie hatte gekauft, was Lady ihr aufgetragen hatte. Wozu die wohl das Benzin benötigten? Kea hatte keine Ahnung. Vielleicht für ein geklautes Mofa, vermutete sie. Es konnte ihr egal sein. Wichtiger war die Frage, ob sie den Kanister jetzt tatsächlich zum Parkplatz bringen sollte.

„Hat alles geklappt?"

Kea fuhr herum.

Hinter ihr stand Big mit einem breiten Grinsen. „Dann können wir ja zum Parkplatz!"

In letzter Sekunde

Myrte und Paula behielten die Prinzessinnen mit Kea eisern im Auge. Es war nicht einfach, ihnen zu folgen, ohne dabei selbst entdeckt zu werden. Aber bis hierhin hatten sie es geschafft. Die beiden duckten sich hinter einem Wohnwagen, der hier schon seit einigen Tagen an der Seite stand, und beobachteten die fünf an der Straße. Schließlich ging Kea hinüber zur Tankstelle und kam nach kurzer Zeit mit dem Tankwart zusammen heraus. Sie kaufte einen Kanister Benzin.

„Warum läuft die nicht weg?", fragte sich Paula laut.

Auch Myrte fand darauf keine Antwort.

„Mann!", stieß Paula aus. „Die spinnt doch! Lauf weg! Lauf doch!"

Kea lief nicht.

„Zu spät!", erkannte Myrte. Sie tippte Paula auf die Schulter und zeigte mit dem Finger. Paula sah Big vor der Tankstelle stehen.

„Warum ist die nicht weggelaufen?" Paula verstand die Welt nicht mehr. Wie auch immer, jetzt zog Kea, begleitet von Big, mit einem Benzinkanister in der Hand zum Parkplatz hinüber.

„Was wollen die mit Benzin?", fragte Myrte noch einmal.

Paula hatte den gleichen Gedanken, der auch Kea in den Kopf geschossen war: für ein geklautes Mofa.

Myrte biss sich auf die Lippen. „Das wäre denkbar, wenn sie Kea nicht mitnehmen würden. Aber die machen doch keine Spritzfahrt zusammen mit Kea!"

Das sah Paula ein.

Es war etwas anderes im Busch. Aber was?

Big und Kea verschwanden aus ihrem Blickfeld. „Wir müssen hinterher!" Schon rannte Paula wieder los.

Myrte hatte gerade nach ihrem Handy greifen wollen. Sie überlegte, ob man es nicht doch noch mal bei der Polizei versuchen sollte. Da Paula aber schon wieder rannte, ließ sie das Handy stecken und lief hinterher.

Es war, als hätte sich die ganze Stadt verabredet, ausgerechnet jetzt diese Straße entlangzufahren. Myrte und Paula kamen einfach nicht hinüber.

„Dort hinten ist 'ne Fußgängerampel!", wusste Myrte.

Paula winkte ab. „Mindestens dreihundert Meter entfernt! Das dauert viel zu lange!"

Myrte bezweifelte, ob es an dieser Stelle schneller gehen würde.

Sie erhöhten ihre Risikobereitschaft, über die Straße zu laufen. Auch das nützte nichts. Der Verkehr war zu dicht. Sie kamen nicht rüber.

Myrte wich zwei Schritte zurück. Bis zur nächsten Rotphase hinten an der Kreuzung würden sie eh keine Chance haben, über die Straße zu kommen. Ihr blieben also bestimmt eineinhalb Minuten.

Sie nahm das Handy hervor. Der Verkehr machte nicht nur die Straße dicht, er war auch laut. Myrte fragte sich, ob sie bei dem Lärm überhaupt etwas würde verstehen können. Ein zweites Mal wollte sie beim Telefonieren nicht ein solches Desaster erleben wie beim ersten Mal. Dies war nicht der Ort, um in Ruhe mit einem Polizisten zu sprechen und ihm alle Fragen erklären zu können, wenn man nur jedes zweite Wort verstand. Sie überlegte, wen sie stattdessen anrufen könnte. Auf dem Display erkannte sie den Eingang einer Kurzmitteilung. Sie las:

wo steckt ihr?

matze

Er hatte sein Gespräch mit der Polizei also beendet. Sie hätte Matze benachrichtigen können. Eine kleine Hilfe wäre er gewesen, aber sie genügte nicht. Was konnten sie zu dritt schon gegen die Prinzessinnen ausrichten? Sie hatten ihnen schon einmal gegenübergestanden. Die Begegnung hatte für Matze ein böses Ende gefunden. Wenn sie mehr wären, dann vielleicht ...

„Dahinten ist Rot!", rief ihr Paula zu. „Siehst du: Nach dem roten Laster können wir rüber!"

„Ich hab eine Idee!", rief Myrte zurück.

„Was?"

Myrte tippte eine SMS.

„Komm schon!", rief Paula. „Wir können gleich rüber!"

Myrte tippte.

„Los!"

Paula ließ den roten Lastwagen vorbei, dann lief sie über die Straße.

Myrte tippte.

„Mann!", schrie Paula.

Myrte lief los, tippte weiter.

Aus einer Parklücke stieß ein Wagen hervor, startete mit quietschenden Reifen, irgend so ein Wahnsinniger mit umgedrehter Baseballkappe in einem tiefer gelegten GTI.

„Pass auf!", schrie Paula.

Myrte blickte kurz auf. Sah Paula. Ihren Finger. Ihr entsetztes Gesicht. Drehte den Kopf. Schaute auf den Kühler eines GTI. Verdammt nah. Scheiße, dachte sie noch. Mehr nicht. Wusste nicht, was sie tat, wie sie es tat, aber sie tat es. Der GTI brauste vorbei. Myrte hörte es noch hupen. Sie lag auf der Straße. Paula rannte auf sie zu.

„Das war knapp. Wenn du nicht beiseitegesprungen wärst. Oh Mann!"

„Bin ich?", fragte Myrte. Nichts tat ihr weh. Nichts war geschehen. Sie war unverletzt, hatte sich durch einen gewaltigen Hechtsprung zur Seite gerettet, den sie selbst nicht wahrgenommen hatte.

„Komm!", forderte Paula sie auf.

Myrte stand auf, lief mit ihrer Freundin hinüber zum Fußweg vor der Tankstelle. Dort musste Myrte erst einmal durchatmen. Sie setzte sich einfach auf den Fußweg.

„Du hast überhaupt nicht geguckt!", hielt Paula ihr vor. „Mensch, was machst du denn?"

„Ich schreibe eine SMS!", antwortete Myrte. „Ich glaube, das ist die Rettung!"

Alles zu spät

Kea setzte den Benzinkanister vor Ladys Füßen ab. Sie hoffte, endlich freigelassen zu werden. So war es abgesprochen. Warum hätte Lady sie belügen sollen? Das hatte sie nicht nötig. Kea befand sich ohnehin schon in der Gewalt der Prinzessinnen. Sie wagte es nicht, fortzulaufen oder sich den Befehlen zu widersetzen. Mit dem Kauf des Benzins hatte sie Gehorsam bewiesen. Was wollte Lady mehr? Es gab keinen Grund mehr, sie festzuhalten.

Kea war bereit, sich aufzugeben, sich in den Dienst der Prinzessinnen zu stellen, wenn sie nur nach Hause zu ihrer Mutter gelassen würde. Zu ihrer Mutter. Wie sehr sehnte sie sich nach ihr! Kea betete innerlich, dass Lady ein wenig Einsicht oder Mitleid zeigen würde.

„Sie zittert!" Big zeigte auf Kea und lachte.

„Nicht dass sie sich wieder nass pisst!", grölte Perle.

„Ist sie doch noch!", stellte Big fest. Sie fasste Kea in den Schritt, roch anschließend an ihrer Hand und rief: „Stinkt erbärmlich, so eine Negerpisse!"

Kea reagierte nicht. Sie schaute nur auf Lady. Perle und Big würden niemals Mitleid zeigen. Die kannten so etwas nicht. Es waren Typen, die einer Taube aus Lust und Laune den Hals umdrehten, ein Huhn köpften, eine Katze quälten oder einen x-beliebigen Menschen zusammenschlugen. Perle und Big kannten kein Erbarmen. Clarissa schien nichts zu sagen zu haben. Doch bei Lady sah Kea eine Chance. Lady war zwar nicht minder brutal, aber nicht so dumm wie die anderen. Lady dachte nach und handelte mitunter zweckmäßig. Wenn sie keinen Sinn in einer Qual sah, konnte sie sie auch bleiben lassen.

„Öffne den Kanister!", befahl Lady.

Kea sah den Grund nicht ein. Weit und breit kein Mofa zu sehen. Dennoch gehorchte sie. Solange Lady Befehle für sie hatte, die sie auszuführen hatte, würde sie nicht handgreiflich werden.

Kea drehte den Deckel des Kanisters ab und legte ihn wie befohlen neben den Kanister auf den Boden.

Lady sah ihr in die Augen, verzog keine Miene. Was hatte sie vor?

Lady schnipste mit dem Finger.

Big und Perle sprangen herbei und hielten Kea an den Armen fest.

„Nimm den Kanister!", befahl Lady. Diesmal meinte sie nicht Kea, sondern Clarissa.

Clarissa wusste offenbar auch nicht, was Lady vorhatte. Sie wirkte ein wenig verstört. Zögerlich nahm sie den Kanister in die Hand.

„Die Negersau stinkt!", sagte Lady.

„Ja!", fielen Big und Perle sofort ein. „Und wie!"

„Sie braucht 'ne Dusche!", sagte Lady.

Big und Perle stimmten ein.

„Ja, geil! Am besten 'ne eiskalte!"

„Wo wollen wir die Sau duschen?"
Clarissa sagte nichts.
„Hier!", antwortete Lady.
Clarissa schaute zu Lady.
Big und Perle sahen sich fragend an. „Hier?"
Kea versuchte sich loszureißen. Big und Perle hielten sie fest. Ihre Hände drückten sich wie Schraubzwingen um Keas Arme.
„Hier!", wiederholte Lady. „Und jetzt!"
„Womit?", fragte Big.
Sie verdrehte ihren Hals. Es gab kein Wasser, außer ... na klar! In der Tankstelle!
„Geil!", jubelte Big, als sie begriffen zu haben glaubte. „Wir jagen die Sau nackt durch die Waschanlage!"
„Super!", freute sich Perle. Nie wäre sie auf eine so geniale Idee gekommen!
Clarissa lächelte Lady an. Aus irgendeinem Grund erleichterte sie der Gedanke an die Waschanlage.
Lady lächelte nicht.
In diesem Augenblick wusste Kea, was Lady vorhatte.

Endlösung

Clarissa glaubte es nicht. Sie benötigte einen Moment, zu begreifen, was Lady ihr gesagt hatte. Als sie es verstanden hatte, wurden ihre Knie weich, der Magen krampfte sich zusammen, die Lippen zitterten. Der Kanister in ihrer Hand wurde schwer, schien ihr den Arm aus dem Rumpf zu reißen. Clarissa hielt ihn trotzdem fest. Sie war bewegungsunfähig. Starrte Lady an. Das konnte die nicht ernst meinen!

„Tu es!", befahl Lady.

Auch Big und Perle waren ernst geworden. Vielleicht, so glaubten sie, sollte es nur eine Warnung sein. Lady wollte Kea nur Angst machen. Ganz sicher. Niemals würde Lady so weit gehen und es zu Ende führen. Bestimmt nicht. Der Effekt würde grandios sein. Wahrscheinlich schiss die Negerin sich zusätzlich in die Hose. Und danach konnten sie sie immer noch durch die Waschanlage prügeln. Wenn der Tankwart nicht zuschaute. Aber da würde ihnen schon etwas einfallen, den abzulenken. Ein großartiger Spaß würde das werden! Doch Clarissa zögerte. Wieder einmal zögerte Clarissa. Warum nur?

„Tu es!", wiederholte Lady.

Big und Perle schauten Clarissa an. War die verrückt geworden? Lady war es nicht gewohnt, Befehle zu wiederholen. Wenn sie es ein drittes Mal sagen müsste, wäre Clarissa fällig. Warum stand sie so bescheuert da und bewegte sich nicht?

„Soll ich es machen?", bot Big sich an.

Auch Perle hätte sich bereit erklärt.

Doch Lady winkte ab.

„Ich will, dass Clarissa es macht!", entschied sie.

Die Negerin zappelte.

Big und Perle mussten noch fester zupacken.

„Mach schon!", unterstützte Big Ladys Forderung.

Clarissa konnte es nicht. Ihr wurde schlecht. Sie wusste, Lady machte keine Scherze. Sie wusste auch, Lady würde es nicht dabei belassen. Lady wollte es zu Ende bringen. Das konnte sie doch nicht tun! Das ging doch nicht!

„Nein!", schrie Clarissa. „Das kann ich nicht!" Die tote Alte erschien vor ihrem Auge. Sie lachte sie an. *„Du wirst mich nicht los!",* schien sie zu schreien. *„Dein ganzes Leben nicht!"*

Clarissa weinte. Ihr wurde kotzübel. *Nicht noch einmal,* dachte sie. *Ich will so etwas nicht noch einmal erleben!*

Lady hatte es geahnt. Clarissa war ein Weichei, stand nicht zur Gruppe, hatte noch immer am Tod der Alten zu knapsen, war ein Sicherheitsrisiko geworden, würde plappern, wenn man sie in die Mangel nahm. Jetzt musste Clarissa sich entscheiden. Für oder gegen die Prinzessinnen. Es war eine Entscheidung auf Leben und Tod, die Clarissa zu fällen hatte.

Lady riss ihr den Kanister aus der Hand, hob ihn hoch und goss der Negerin die Hälfte des Inhalts über den Kopf. Fünf Liter Benzin. Die Negerin spuckte, röchelte, schrie und zappelte. Das alles interessierte Lady nicht. Diesmal schnipste sie nicht mit dem Finger, sondern griff in die eigene Hosentasche und zog ein Feuerzeug heraus. Sie reichte es Clarissa. „Hier!", sagte sie. „Oder die restlichen fünf Liter sind für dich!"

Zivilcourage

Paula und Myrte hatten sich hinter einem Container für Altglas verkrochen. Die Prinzessinnen standen nicht weiter als zwanzig Meter von ihnen entfernt, hatten Kea zunächst in die Mitte genommen. Jetzt hielten zwei Kea fest, Clarissa stand daneben, Lady vor Kea.

Paula und Myrte spitzten die Ohren, doch sie bekamen von der Unterhaltung nicht mehr als einzelne Wortfetzen mit.

Kea musste den Benzinkanister öffnen. Es schien eine kurze Auseinandersetzung zwischen Lady und Clarissa zu geben. Und dann ...

Paula und Myrte hielten den Atem an. Es war einfach unfassbar, was sie sahen: Lady schnappte sich den Kanister und übergoss Kea mit Benzin!

„Das können die doch nicht machen!", schrie Paula auf. Sie achtete nicht darauf, ob die Prinzessinnen sie hören konnten oder nicht. Zu entsetzt war sie, zu erschrocken, um überhaupt noch denken zu können. Es durfte nicht sein! Sie musste es verhindern! Hilfe holen! Fiel Myrte nichts ein?

Auch Myrte hatte Mund und Augen weit vor Entsetzen aufgerissen. Wie Paula zweifelte sie nicht, welchen Sinn es hatte, Kea mit Benzin zu übergießen.

„Das machen die nicht!", flüsterte sie. „Das machen die nicht!"

Myrte hoffte mehr, was sie sagte, als dass sie es selbst glaubte.

„Aber wenn doch ...?", hakte Paula ein. „Wir können doch nicht hier hocken und zugucken!"

Myrte drehte sich um, sah hinüber zur anderen Straßenseite. Hatte ihre SMS nichts bewirkt? Vielleicht konnte sie zur Tankstelle laufen und den Tankwart um Hilfe bitten?

„Das dauert zu lange!", war Paula sich sicher. „Sieh nur!"

Lady hielt Clarissa ein Feuerzeug hin.

„Die meint das ernst!" Paula strich sich nervös durchs Haar. Was sollte sie nur tun?

Sie musste dorthin! Keine Ahnung, was sie ausrichten konnte. Nur sitzen bleiben und zugucken, das durfte sie nicht. Jede Faser ihres Körpers sträubte sich dagegen.

Clarissa zitterten die Hände. Beinahe wäre ihr das Feuerzeug aus der Hand gerutscht, so feucht fühlten sich ihre Handflächen an.

Kea zappelte in Bigs und Perles Armen. Sie hatte keine Chance, zu entkommen, wollte schreien. Big drückte ihr den Mund zu. Und einen Teil der Nase. Kea bekam kaum Luft, wandte und reckte sich, doch die beiden hatten sie fest im Griff.

„Was ist?", drängelte Lady. „Tu es endlich, du feige Schlampe!"

Clarissa musste an die tote Alte denken: Sie kicherte böse, sprach zu ihr. Clarissa kniff die Augen zusammen, rieb sich die Lider, schüttelte sich, aber die Alte verschwand nicht, drängte sich in ihre Gedanken, wie sie dies seit ihrem Tod Nacht für Nacht tat. Sie schien darauf zu warten, dass Clarissa Ladys Befehl folgte und Kea anzündete. Die Alte wusste, Clarissa würde auch dieses Bild niemals mehr loswerden. Neben der toten Alten mit der blutenden Kopfwunde würde dann auch noch die brennende Negerin in ihren Träumen auftauchen.

Clarissa konnte es nicht. Sie musste fort von hier, fort von den Prinzessinnen. Für immer. Sie musste das Bild der Alten aus ihrem Kopf vertreiben. Sie hielt es nicht mehr aus, der Alten ins Gesicht zu sehen. Ins tote Gesicht. Dieser blutende Kopf! Diese leblosen Augen, die sie anstarrten! Diese Totenfratze, die sie auslachte! Es musste aufhören! Ein für alle Mal aufhören!

„Los!" Ladys Befehl peitschte Clarissa ins Gesicht.

„Mit dem Feuerzeug geht es nicht!", behauptete Clarissa. Sie wusste nicht, wie sie auf diese Idee gekommen war, hatte nicht darüber nachgedacht. Plötzlich war der Gedanke da gewesen und verschaffte ihr ein wenig Aufschub.

„Was?", fragte Lady.

Clarissa wiederholte: „Mit dem Feuerzeug geht es nicht. Da verbrenne ich mich selbst. Ich brauche ein Streichholz!"

Lady schaute Clarissa an, nickte schließlich, sah ein, dass sie recht hatte; kramte in ihren Hosen, fand keine Streichhölzer.

Clarissa atmete auf.

Myrte hielt Paula zurück. „Sie machen es doch nicht. Siehst du? Clarissa steckt das Feuerzeug wieder ein. Wir können hier warten!"

„Warten? Worauf?"

„Ich habe Hilfe geholt!", antwortete Myrte zuversichtlich, doch schränkte schon im nächsten Satz wieder ein: „Hoffe ich jedenfalls!"

„Ich hab Streichhölzer!", meldete sich Perle.

Clarissa hätte sie dafür umbringen können. Wieso trug die verdammte Kuh Streichhölzer mit sich?

„Wo?", fragte Lady, wobei sie Clarissa angrinste.

Perle zeigte mit einem Kopfnicken auf ihre rechte Hosentasche. Lady fingerte eine Schachtel Streichhölzer heraus und hielt sie Clarissa vor die Nase.

„Nun dürfte nichts mehr dazwischenkommen", triumphierte sie.

Clarissa nahm die Streichhölzer.

Einen letzten Hoffnungsschimmer hegte sie noch. Langsam öffnete sie die Schachtel. Voll. Mist! Clarissa hatte gehofft, es würden sich nur wenige Hölzchen darin befinden; die meisten abgebrannt.

Lady sah sie erwartungsvoll an.

Clarissa entnahm der Schachtel ein Hölzchen.

„Das schaue ich mir nicht länger an!" Paulas Entschluss stand fest. „Wir müssen sie aufhalten!"

„Wie denn?", jammerte Myrte. „Scheiße, verdammt!"

Clarissa entzündete ein Hölzchen.

Kea nahm erneut alle Kraft zusammen. Ein letzter Versuch, sich zu befreien.

„Pass auf, dass du uns nicht mit abfackelst!", rief Perle Clarissa zu.

Das war die Idee!

„Wir lassen sie rechtzeitig los, wenn sie brennt!", versicherte Big.

Clarissa hatte das Streichholz im letzten Moment auspusten und weglaufen wollen. Jetzt aber hielt sie es in der Hand, bis es richtig gut brannte.

Kea versuchte zu schreien. Zappelte.

Paula lief los.

Myrte ließ sie nicht im Stich, rannte hinterher.

„Aufhören!", schrie Paula

Lady, Perle und Big wandten sich zu Paula um.

Clarissa warf das Hölzchen in den Kanister.

Perle sah es.

Paula und Myrte kamen näher.

„Scheiße!", schrie Perle. „Weg hier!" Sie sprang beiseite.

Auch Big ließ Kea los.

Kea spurtete los.

Lady wollte sie halten.

Aus dem Kanister schlug eine Stichflamme.

Lady flog nach hinten.

Big und Perle hielten sich schützend die Arme über den Kopf.

Paula und Myrte warfen sich auf den Boden.

Kea rannte. Stolperte. Fiel hin. Für einen Moment herrschte Ruhe.

Der Sturm nach der Ruhe

Paula sah Sternchen. Sie hatte genau in die Stichflamme geschaut. Sie zwinkerte, rieb sich die Augen, um wieder klar sehen zu können. Sie wollte nach Myrte und Kea sehen, hörte aber nur einen Befehl von Lady, die sich offenbar als Erste wieder gesammelt hatte. Jemand griff nach ihr. Paula hoffte, es wäre Myrte. Doch Myrte schrie auf, einige Meter von ihr entfernt.

Paula wollte schauen, wer sie gepackt hatte. Ein dunkler Fleck kam ihr zuvor. Ihr Kiefer knisterte, der Kopf flog zurück. Neue Sternchen. Schmerz. Paula fand sich auf dem Parkplatz liegend wieder, taumelte, begriff nur langsam. Jemand hatte ihr ins Gesicht getreten. Packte sie jetzt an den Haaren. Schleifte sie durch den Schmutz. Paula griff nach der Hand, die ihr diesen entsetzlichen Schmerz zufügte, schrie, trat um sich, konnte die Angreiferin nicht erwischen. Hörte auch Myrte rufen. Nur Kea nicht. Was war mit Kea?

Ein erneuter Tritt traf sie. Diesmal in die Seite des Körpers. Paula blieb die Luft weg. Sie hechelte, stöhnte, krümmte sich.

Die Prinzessinnen hatten sich auf sie gestürzt, schlugen und traten auf sie ein. Paula rollte sich zusammen, hielt die Hände über den Kopf, doch überall trafen sie Tritte und Schläge. Sie wusste nicht, ob nur ein Mädchen oder alle drei auf sie einprügelten, konnte nichts sehen, weder Myrte noch Kea. Die Schläge prasselten nur so auf sie ein. Paula sah keine Rückzugsmöglichkeit, wusste sich nicht zu wehren, dachte an Matze und seinen Zustand, nachdem die Prinzessinnen mit ihm fertig gewesen waren. Sie hätte nicht herkommen dürfen, sich nicht einmischen. Sie war zu schwach, um gegen die Prinzessinnen zu bestehen, schaffte es nun nicht einmal, sich ausreichend zu schützen. Schmeckte Blut im Mund, spürte nichts als Schmerz am Kopf und am Körper. Die Prinzessinnen hörten nicht auf, kannten keine Grenzen, würden sie krankenhausreif prügeln, wenn nicht noch schlimmer. Hoffentlich kam sie hier überhaupt lebend wieder heraus. Paula spürte Todesängste. Reglos kauerte sie mittlerweile auf dem Boden, zusammengekrümmt, verletzt, blutend.

Und dann hörte es auf.

Keine Schläge mehr.

Paula blieb dennoch liegen. Sie wusste nicht, ob sie sich noch bewegen konnte, aber sie wagte auch nicht, es auszuprobieren.

Stimmen drangen dumpf an ihr Ohr, durch die schützenden Arme hindurch. Stimmen, die zuvor nicht da gewesen waren. Stimmen, die sie kannte. Sie hatte keine angenehme Erinnerung an diese Stimmen und doch wirkten sie in diesem Moment vertraut und willkommen. Paula wagte über ihren Arm zu blinzeln.

Die Prügelei war noch im Gange. Jemand hatte die Prinzessin, die auf sie eingeschlagen hatte, von ihr weggezerrt und den Kampf auf sich genommen.

Paula hob ein wenig den Kopf. Wartete. Nichts geschah mit ihr. Sie hob ihn noch ein Stück, sah sich um, erkannte Myrte neben sich liegen, ebenso gekrümmt wie sie, auch vorsichtig aufschauend.

Vor ihnen prügelten die drei Prinzessinnen auf ...

Nein ...

Die prügelten nicht, die schützten sich! Sie wurden geprügelt.

Paula richtete sich weiter auf.

Dennis erkannte sie. Und Kevin. Uwe, Tom und Achmed. Basti, Oliver und der andere Kevin. Auch Johanna, Sigrid, Chantal und Mareike waren da. Die halbe Klasse!

„Meine SMS ist angekommen!", jubelte Myrte.

Die Übermacht machte selbst den Prinzessinnen zu schaffen. Jede von ihnen hatte es mit drei Gegnern zu tun. Und es wurden mehr. Wieder kamen zwei über die Straße herangelaufen.

Paula sah an sich herunter. Die Rippen schmerzten noch, die Lippe blutete, die Arme waren geprellt, aber sie war so weit okay. Genug in Ordnung jedenfalls, ihren Helfern zu helfen. Sie rappelte sich auf und sprang auf Big zu, jene Prinzessin, die gerade eben noch so wild auf sie eingetreten hatte. Paula schlug mit voller Kraft auf sie ein. Kevin und Dennis ebenfalls. Big ging zu Boden. Dennis hatte jetzt ihre Arme fest im Griff. Big lag wehrlos am Boden. Bestens, dachte Paula und schlug zu. Wieder und wieder.

Myrte machte es ähnlich mit Perle. Einige andere hatten sich Lady geschnappt. Erbarmungslos prügelten sie auf sie ein.

„STOPP!", rief eine zarte Stimme.

Sie drang in dem Kampfesgetümmel kaum durch.

„STOPP!", wiederholte die Stimme, die niemandem bekannt vorkam. „HÖRT AUF!"

Erst nach der dritten Aufforderung zeigten sich Reaktionen. Paula und Myrte sahen nach der Stimme.

Die Stimme gehörte Kea!

„AUFHÖREN!", forderte Kea. „NICHT WEITERSCHLAGEN!"

Kevin stoppte in der Schlagbewegung. Gerade hatte er Lady die Nase plätten wollen. Seine Faust hielt er noch in der Luft, die andere Hand fixierte Lady an der Gurgel.

„SCHLUSS!"

„Na hör mal!", erinnerte Myrte. „Die wollten dich gerade verbrennen!"

„Die hätten uns zusammengeschlagen, wenn nicht Hilfe gekommen wäre!"

„Stimmt!", gab Kea zu. „Aber ihr seid nicht wie sie!"

Paula, Myrte und die anderen sahen sich an. Alle schwiegen, hielten die Prinzessinnen aber nach wie vor fest.

„Wir rufen die Polizei. Aber nicht mehr schlagen. Ihr habt schon gewonnen!", sagte Kea.

„Nicht nötig!" Wieder eine neue Stimme. Sie gehörte zu Matze, der mit dem Kommissar im Schlepptau angelaufen kam. „Mann, gar nicht so einfach euch zu finden!", rief er.

Der Kommissar war ebenfalls nicht allein gekommen. Er hatte vier Polizisten mitgebracht, zwei Streifenwagenbesatzungen, die sich sofort um die Prinzessinnen kümmerten.

Der Kommissar ging auf Kea zu. „Du bist Kea?"

Kea nickte.

Kevin, Dennis, Uwe und die anderen klopften sich den Schmutz aus den Hosen und tasteten nach ihren Prellungen.

„Du hast uns eine ganze Menge Ärger eingehandelt!", teilte der Kommissar Kea ernst mit.

Kea nickte.

„Du warst tatsächlich einfach so abgehauen?"

Kea nickte.

„Warum?"

Kea zuckte mit den Schultern. Blickte kurz auf, sah erst Paula, dann Myrte an. Danach hinüber zu den anderen aus ihrer Klasse. Schließlich schaute sie den Kommissar lange an, senkte den Kopf wieder und antwortete: „Weil ich nicht wusste, dass ich hier Freunde habe!"

Materialien

Der Autor Andreas Schlüter

Steckbrief

Name: Andreas Schlüter
Geboren: 23. Mai 1958 in Hamburg, demnach Sternzeichen Zwilling, Aszendent ebenfalls Zwilling
Wohnort: Hamburg und Mallorca (wo ich meistens schreibe)
Größe: 187 cm   *Gewicht:* 84 kg
Augenfarbe: blau   *Haarfarbe:* dunkelblond
Lieblingsfarbe: dunkelblau
Lieblingsessen: asiatisch (nicht chinesisch!)
Hobbys: Schreiben
Beruf: Schreiben
Wunschberuf als Kind: Fernfahrer, Zauberer, Journalist
Tatsächlicher beruflicher Werdegang: Abitur, Großhandelskaufmann, Kinder- und Jugendarbeit, Journalist, Autor
Verheiratet? früher einmal
Kinder? Kristian, geboren 1983
Ich mag nicht: Bürokratie, Gewalt und Suff
Richtig toll finde ich: Zivilcourage, Rückgrat, Freundschaft, Selbstbewusstsein

Interview

Wie sind Sie zum Schreiben gekommen?
Ich habe es einfach einmal ausprobiert. Ich hatte eine Grundidee: Wie wäre es wohl, wenn Kinder eine Zeit lang ohne Erwachsene wären? Dann habe ich einfach angefangen zu schreiben – immer, wenn ich Zeit und Lust dazu hatte,

ein bisschen. So entstand mein erstes Buch „Level 4 – Die Stadt der Kinder".

Woher nehmen Sie Ihre Ideen?
Viele Grundideen hole ich mir aus Zeitungen und Zeitschriften. Besonders bei den Computerthemen lese ich oft nach, was gerade der neueste Stand der Technik ist, und entwickle das, was es schon gibt, immer ein bisschen in Gedanken weiter: Internet, Netzwerke, Roboter, Weltraumfahrt usw. Tageszeitungen lese ich immer von hinten nach vorne, denn auf den letzten Seiten unter „Vermischtes" stehen meist die interessantesten Dinge.

Wie lange brauchen Sie für ein Buch?
Ich schreibe etwa drei bis vier Monate an einem 240-Seiten-Roman.

Zu welcher Tageszeit sind Sie am kreativsten?
In der Zeit, in der ich schreibe. Das ist nie früher als 9.30 Uhr. Und es war noch nie später als Mitternacht.

Haben Sie manches aus den Büchern schon selbst erlebt?
Nein, die Abenteuer sind alle ausgedacht.

Haben Sie schon als Schüler gern Aufsätze geschrieben?
Wie alle Schüler war auch ich froh, wenn wir keine Aufsätze geschrieben haben. Aber ich habe lieber Aufsätze geschrieben als Matheaufgaben gelöst.

Kann man vom Schreiben gut leben?
„Man" weiß ich nicht. Ich jedenfalls zurzeit ja. Manche leben sicher besser von ihren Büchern, die meisten schlechter und einige überhaupt nicht. Ich habe zurzeit wirklich kei-

nen Grund zum Klagen. Ich hoffe, dass das noch möglichst lange so bleibt. Viel tun kann ich dazu nicht, sondern nur so schreiben, wie ich es für gut befinde. Im Moment kommt das auch gut an. Das muss aber nicht immer so sein.

Welche Pläne haben Sie in Bezug auf die Schriftstellerei? Nahziele? Fernziele?

Noch viele Bücher schreiben, solange drei Bedingungen erfüllt sind:

a) Ich habe Ideen – denn ohne Ideen kann man nicht schreiben.
b) Es macht mir Spaß – denn ohne Spaß kann ich nicht arbeiten.
c) Die Bücher verkaufen sich gut – denn was nützen Bücher, die niemand liest?

Arbeitsanregungen

- Was erfährst du in dem Interview über Andreas Schlüters Tätigkeit als Schriftsteller? Fasse die wichtigsten Aussagen zusammen.
- Welche Information über Andreas Schlüter als Person oder über seine Arbeit findest du besonders interessant? Was hat dich möglicherweise überrascht?
- Viele weitere Informationen über Andreas Schlüter und seine Bücher findest du auf seiner Homepage: www.aschlueter.de
- Überlege, welche Fragen du an den Autor hast. Du kannst sie ihm an folgende E-Mail-Adresse schicken: aschlueter@freenet.de
- Suche dir ein anderes Buch von Andreas Schlüter aus, lies es und stelle es deinen Mitschülern vor.

Wegschaugesellschaft

„Hast du gerade das selbe nicht gesehen, was ich auch nicht gesehen habe?"

Arbeitsanregungen

- Beschreibe die in der Karikatur dargestellte Situation.
- Notiere deine Gedanken über Täter, Opfer und Zuschauer.
- Tauscht eure Gedanken zu der Karikatur aus und sprecht über ähnliche Situationen, die ihr erlebt oder von denen ihr gehört habt.

S-Bahn-Überfall in München

Tödliche Zivilcourage
von Manuela Pfohl

Dominik B. wurde erschlagen. Weil er Mut hatte. Weil er Zivilcourage bewies. Weil er sich einmischte. Die Tat in der Münchner S-Bahn erscheint in ihrer Dimension unfassbar – einfache politische Rezepte helfen da wenig.

München, Samstagnachmittag, 15.45 Uhr. Kaffee-und-Kuchen-Zeit. Dominik B. ist mit der S-Bahn unterwegs. Zu seiner Freundin, heißt es in einigen Medien. Die Linie 7 Richtung Wolfratshausen ist gut besetzt. Das Wetter ist schön, die letzten Sonnenstrahlen des Herbstes haben viele Münchner nach draußen gelockt. Der 50-Jährige sieht, wie zunächst drei Jugendliche einige Kinder attackieren. Es geht angeblich um 15 Euro, die sie erpressen wollen. B. greift ein, als die anderen Fahrgäste wegschauen. Natürlich. Er kann schließlich nicht zusehen, wie die 17- und 18-Jährigen die 13- bis 15-Jährigen verprügeln. Er ruft über sein Handy die Polizei und bleibt bei den verängstigten Mädchen und Jungen, als sie wenig später an der S-Bahnstation Solln aussteigen. Es ist gegen 16.10 Uhr. B. ahnt nicht, dass er nicht mehr lange zu leben hat. Die beiden Jugendlichen, Markus S. und Sebastian L., gehen am Bahnsteig auf ihn los, schlagen und treten immer wieder auf den Geschäftsmann ein, auch als er längst am Boden liegt. Als die Polizisten und ein Notarzt endlich eintreffen, ist der Mann nicht mehr zu retten. Angeblich hat er mehr als 22 einzelne Verletzungen erlitten. Wenig später stirbt er in einer Klinik. Totgeschlagen von zwei Jugendlichen, weil er Courage zeigte, weil er half, als Hilfe nötig war – und weil er allein war. [...]

ARBEITSANREGUNGEN

- Was hat Dominik B. unternommen, um den attackierten Kindern zu helfen?
- Der Vorfall ereignete sich mitten am Tag und die S-Bahn war „gut besetzt". Warum hat wohl niemand Dominik B. geholfen?
- Sammelt aus Zeitungen und Zeitschriften oder aus dem Internet Berichte über ähnliche Vorfälle. Mit den Berichten könnt ihr eine Wandzeitung gestalten und darauf auch Kommentare zu den Ereignissen einfügen.
- Diskutiert: Ist es angesichts der im Text geschilderten Brutalität überhaupt ratsam, sich einzumischen – und nicht wegzusehen?
- Wie verhält man sich richtig, wenn man selbst angepöbelt wird oder wenn man miterlebt, dass andere bedroht werden?
- Die Polizei hat im Rahmen ihrer „Initiative für mehr Zivilcourage" einige Regeln für mehr Sicherheit zusammengestellt. Lies dir dazu die folgenden Seiten durch.

Wer nichts tut, macht mit – Verhalten in Gewaltsituationen
Ratgeber der Polizei Hamburg

1. Ich helfe, aber ohne mich in Gefahr zu bringen.
Falls Sie Zeuge einer Gewalttat werden, gibt es andere Möglichkeiten als wegzusehen oder sich direkt dem Täter entgegenzustellen. Jeder Mensch hat Möglichkeiten, etwas Hilfreiches zu tun, ohne in direkte Konfrontation mit dem Täter zu geraten.

2. Ich fordere andere direkt zur Mithilfe auf.
Es ist ein Phänomen, dass bei Anwesenheit mehrerer Personen am Unglücks- oder Tatort die Wahrscheinlichkeit sinkt, dass geholfen wird. Psychologen sehen mehrere Gründe für dieses Verhalten. Man macht die Ernsthaftigkeit der Notsituation von der Reaktion der anderen Zuschauer abhängig: „Wenn die anderen nicht helfen, wird es wohl auch nichts zu helfen geben." Möglich ist auch, dass die erste in Erwägung gezogene Reaktion, nämlich zu helfen, verworfen wird aus Angst vor der Blamage. Man passt sich dann lieber der Zurückhaltung der anderen an, um nicht aufzufallen, oder man schiebt die Verantwortung jeweils dem anderen zu mit dem Effekt, dass niemand hilft. Hier ist der Ansatzpunkt: Fangen Sie an, etwas zu tun, andere werden dann folgen. Sagen Sie den Zuschauern: „Hier ist etwas nicht in Ordnung, hier muss etwas getan werden!" Fragen Sie: „Was können wir tun?" Sprechen Sie andere Personen an und fordern Sie sie direkt auf: „Holen Sie Hilfe."

3. Ich beobachte genau und merke mir den Täter.
Der Polizei ist es schon häufiger gelungen, aufgrund eines schnellen Anrufes oder der guten Beobachtungsleis-

tung von Zeugen Täter durch eine schnelle Fahndung zu fassen. Wichtig zu wissen sind vor allem die Kleidung, das Aussehen und die Fluchtrichtung eines Täters. Möglicherweise können Sie dem Täter in sicherem Abstand folgen, ohne ihn zu verfolgen.

4. Ich organisiere Hilfe – Notruf 110.

Rufen Sie professionelle Helfer und informieren Sie diese genau, wann etwas passiert ist und was passiert ist. Legen Sie dann nicht sofort wieder auf, falls Nachfragen nötig sind.

5. Ich kümmere mich um das Opfer.

Nicht jeder traut sich zu, Erste Hilfe zu leisten, aber jeder kann dem Opfer beistehen. Die Erfahrung von Notärzten zeigt, dass verletzte Opfer schon dadurch stabilisiert werden können, wenn sie bis zum Eintreffen der professionellen Helfer seelischen Beistand bekommen. Sprechen Sie mit dem Opfer, trösten Sie es. Fragen Sie, was Sie tun können und wie Sie unterstützen können.

6. Ich stelle mich als Zeuge zur Verfügung.

Viele verlassen kurz vor oder unmittelbar nach dem Eintreffen der professionellen Helfer den Ort des Geschehens. Aber Sie werden als Zeuge gebraucht. Möglicherweise ist nur Ihnen etwas aufgefallen, das sehr wichtig ist, um den Täter zu fassen oder die Tat zu rekonstruieren. Deshalb bleiben Sie bitte vor Ort und fragen Sie die professionellen Helfer, ob Ihre Anwesenheit noch erforderlich ist. Sollten Sie unter Zeitdruck stehen, hinterlassen Sie für wichtige Nachfragen Ihren Namen und Ihre Erreichbarkeit.

Materialien

Arbeitsanregungen

- Die Polizei gibt Ratschläge, wie man sich als Zeuge einer Gewalttat verhalten soll. Liste diese Vorschläge stichwortartig auf und ergänze weitere Möglichkeiten.
- Überlege dann, welches Verhalten in welchen Situationen angemessen ist.
- Betrachte das Plakat und erkläre in eigenen Worten, welche Botschaft es vermitteln will.
- Gestaltet gemeinsam Plakate, auf denen ihr deutlich macht, wie ihr euch in Zukunft verhalten wollt, wenn jemand z. B. auf dem Schulhof schikaniert, beleidigt, beschimpft, abgezockt oder belästigt wird.

„Bist du scheiße, schlachte ich dich"
von Miriam Schröder

18 Jahre, brutal, weiblich: Junge Mädchen reißen anderen Haare und Ohrringe aus, boxen sie mitten ins Gesicht und treten noch zu, wenn die Opfer schon am Boden liegen. Jugendliche Gewalt ist längst keine Männersache mehr. Die Polizei warnt davor, die „Engelsgesichter" zu unterschätzen.

Berlin – Auf der Rückbank des Autos sitzt ein hübsches, zierliches Mädchen. Sie spricht mit einer sanften Stimme, ihre Finger spielen dabei mit einem Schlüsselanhänger aus Glasperlen. „Guck mal, den hat mir meine Freundin zum Geburtstag geschenkt", ruft sie fröhlich. Ihre Hände sehen sauber aus.

Sie heißt Saliha, sie wird heute 18 Jahre alt und gerade im Auto von drei Polizisten verhört. Die Beamten möchten wissen, ob Saliha am vergangenen Samstag im Berliner Stadtteil Wedding mal wieder ein Mädchen verprügelt hat und ihr Portemonnaie und Handy rauben wollte. „Das war ich nicht, das kann ich schwören", sagt Saliha und reißt ihre großen, braunen Augen noch ein Stückchen weiter auf.

Diesmal war sie es wohl wirklich nicht. Am Samstag nämlich waren sie und ihre Freundin auf dem Ku'damm unterwegs, „Jungs klarmachen", sie hat ein Alibi. Dass sie verdächtigt wird, ist trotzdem kein Zufall. Die Polizisten kennen „Queen Saliha", wie die Deutsch-Türkin sich nennt, schon lange. Vor drei Jahren stand sie zum ersten Mal vor Gericht. Damals hat sie ein Mädchen auf dem Schulhof verprügelt. „Die hat mich beleidigt", erzählt Saliha, „da bin ich ausgerastet."

Sie hat der anderen mit der Faust ins Gesicht geschlagen, immer wieder, bis sie auf dem Boden lag. Dann hat sie sich auf sie gesetzt und weitergeboxt, blind vor Wut. Ob das Mädchen unter ihr geweint oder geschrien hat, weiß Saliha nicht mehr. Das war ihr egal: „Hauptsache, sie leidet."

Später kamen Freundinnen von Saliha dazu, haben auf das wehrlose Opfer am Boden eingetreten. Als sie mit ihr fertig waren, hatte das

Mädchen eine Verletzung im Unterleib, eine Gehirnerschütterung und einen gebrochenen Arm.

Der Richter hat Saliha zu einem Schmerzensgeld verurteilt und sie aufgefordert, sich zu entschuldigen. Gezahlt hat sie, und hart gearbeitet, bis sie die 120 Euro zusammen hatte. Entschuldigt hat sie sich nicht. „Die war doch selbst schuld", ist sie noch heute überzeugt. „Sagt Schlampe und Bastard zu mir – wer ist die denn?"

„Im Wedding achtet man krass auf den Ruf"

Seitdem der Hilferuf der Lehrer an der Berliner Rütli-Schule öffentlich wurde, macht Deutschland sich Gedanken über das brutale Verhalten von Jugendlichen in den sogenannten sozialen Brennpunkten. Die Bilder zeigen ausschließlich Jungen, meist ausländischer Herkunft, die vor der Kamera als Gangster posieren. Dabei sind es immer häufiger auch Mädchen, die durch die Straßen ziehen, die klauen, andere „abziehen" und brutal zusammenschlagen. In Großstädten wie Berlin oder Hamburg ist bereits jeder vierte Tatverdächtige unter 21 weiblich.

„Mit Mädchen haben wir reichlich zu tun", sagt auch Nadine Koschnick, eine Polizistin aus Wedding, einem Stadtteil, in dem die Arbeitslosen- und die Ausländerquote ähnlich hoch sind wie in Neukölln. Koschnick gehört zur „Operativen Gruppe Jugendgewalt", einer Einheit der Berliner Polizei, die Raubtaten und Rohheitsdelikte von Jugendlichen aufklärt. Zwar sei die Mehrheit ihrer Fälle hier nach wie vor männlich. Die Mädchen dürfe man aber nicht unterschätzen, gleichgültig wie harmlos sie aussehen, wenn sie als Freundinnen eng eingehakt durch die Straßen laufen. „Alles Engelsgesichter", sagt ihr Kollege. „Wenn Mädchen zuschlagen, dann richtig", sagt Koschnick. Sie reißen ihren Opfern die Haare und die Ohrringe heraus, boxen mitten ins Gesicht.

„Da stellen sich die Mädels mit den Jungs auf eine Stufe", sagt Koschnick. Nicht nur, weil sie sich prügeln. Auch in ihrem Gehabe unterscheiden sich die weiblichen Schlägerinnen kaum von ihren männlichen Vorbildern. „Im Wedding achtet man krass auf den Ruf", sagt Saliha. Wenn jemand „die Ehre" verletzt, dann müsse man sich wehren, und zwar mit den

Fäusten. „Bist du korrekt zu mir, bin ich korrekt zu dir. Bist du scheiße zu mir, schlachte ich dich wie ein Tier" ist Salihas Lieblingsspruch.

Sie hat auch schon Mädchen geschlagen, die ihr gar nichts getan haben. Die zufällig auf der Straße waren, wenn Saliha und ein paar Freundinnen dort herumzogen. „Aus Langeweile", sagt Saliha und manchmal auch, weil sie Geld haben wollte, fürs Kiffen im Park oder für Alkohol. In der Schule war sie selten, meistens nur, „um die Lehrer zu provozieren". Zweimal ist sie darum schon geflogen.

„Entweder Täter oder Opfer"

Salihas Vater starb einen Tag vor ihrem zwölften Geburtstag. Die Mutter spricht kaum Deutsch, lebt mit ihren fünf Kindern in einer Vier-Zimmer-Wohnung, Saliha teilt sich eines mit zwei Schwestern. Eigentlich wünscht sie sich ein anderes Leben. Mit ihrer Freundin Anna geht sie gerne durch das nahe gelegene Einkaufszentrum. Sie stöbern in Läden, in denen bunte Vasen, Discokugeln und Girlanden aus Plastikblumen verkauft werden.

Dann malen sie sich aus, wie sie ein eigenes Zimmer dekorieren könnten. Sie sind Mädchen. Sie wollen mal einen netten Mann. Und Kinder. Die sollen nicht im Wedding aufwachsen. „Wenn du hier aufwächst, wirst du entweder Täter oder Opfer." Egal ob Junge oder Mädchen.

Saliha hat noch keinen Hauptschulabschluss. Den muss sie jetzt nachmachen. Sie weiß, dass sie ohne Abschluss und mit Vorstrafe keine Lehrstelle bekommt. „Und man braucht doch einen Job, vor allem in diesen Zeiten." Sie hat es fast verstanden.

Darum will sie sich helfen lassen. Heute ist sie zu „Fallschirm" gegangen, einer Organisation, die sich im Auftrag des Jugendamtes um jugendliche Intensivstraftäter kümmert. Ihr gegenüber sitzt Sabine Hübner, eine junge Diplompädagogin. „Ich habe so viel Wut", sagt Saliha. „Wut ist etwas, das wir brauchen", sagt Sabine Hübner, sie guckt sehr verständnisvoll. Saliha guckt ziemlich verwundert, dann sagt sie: „Vielleicht habe ich zu viel Wut."

Respekt nach Schlägen

„Viele der Jugendlichen hier werden zu Straftätern, weil sie zu

Hause wenig Aufmerksamkeit und Anerkennung bekommen", sagt Hübner. Auch Saliha redet viel von ihrer Mutter, die immer nur auf ihr rumhacke, die sie früher viel geschlagen und, sobald es Probleme gab, damit gedroht habe, sie in die Türkei zu schicken.

„Ich finde es toll, dass du über deine Probleme sprichst", sagt Hübner nach einer Stunde. Viele könnten das nicht, weil sie es nie gelernt haben, Gefühle auszudrücken. Weil nie jemand danach gefragt hat. Sie hofft, dass das Jugendamt Saliha die Betreuung bei „Fallschirm" bewilligen wird. Sie glaubt, dass sie auf einem guten Weg ist.

Salihas Freundin Anna ist erst 16 und schon einen Schritt weiter. „Ich mach' nix mehr. Wenn ich mir nochmal was erlaube, dann kann ich mein Abi vergessen", sagt das blonde, aufgeweckte Mädchen, das einmal Ärztin werden will. Als sie elf war, kamen sie und ihre Eltern aus Kasachstan in den Berliner Wedding. In der Schule haben die anderen Kinder sich über ihr fehlerhaftes Deutsch lustig gemacht.

Das hat ihr wehgetan, genauso wie die Schläge ihres Vaters. Auf dem Schulhof hat sie sich das erste Mal geprügelt, weil sie ein anderes Mädchen an den Haaren zog. Da hat Anna ihr mit der Faust ins Gesicht geschlagen, den Kopf des Mädchens gegen ihr Knie gehauen, sie auf den Boden geworfen und auf sie eingetreten. Danach haben die anderen ihr Respekt gezollt. „Da habe ich mich richtig gut gefühlt."

Arbeitsanregungen

- Aus welchen Gründen haben Saliha und Anna andere geschlagen?
- Beschreibe das familiäre und soziale Umfeld, aus dem Saliha und Anna kommen. Inwieweit kann es zu ihrem Verhalten beigetragen haben?
- Welche Aussagen der Reportage findest du in dem Roman „Gesucht!" bestätigt? Welche nicht?
- Sprecht auch darüber, was man tun kann, damit es erst gar nicht zu Gewalt kommt bzw. dass Gewaltbereitschaft möglichst früh erkannt und ihr entgegengewirkt wird.

Anja Tuckermann
Weggemobbt

Im folgenden Auszug aus dem Roman „Weggemobbt" von Anja Tuckermann geht es um Dorita, die sich mit ihren Quälereien und ihrer großen Klappe die ganze Klasse untertan gemacht hat. Seitdem schwänzt Philip immer öfter die Schule, denn auf ihn hat sie es ganz besonders abgesehen. Doch dann passiert etwas, was Philip dazu bringt, seine Opferhaltung aufzugeben: Ein neues Mädchen kommt in die Klasse – Aster. Sie lebt allein als Flüchtling in Deutschland – und sie hat nichts mehr zu verlieren. Mit Philips Hilfe gelingt es Aster, der Tyrannin Paroli zu bieten. Und sie fordert Dorita zu einer ungewöhnlichen Mutprobe auf, die diese nicht bestehen wird ...

Fast alle hatten wenigstens eine Freundin oder einen Freund in der Klasse.

Philip kritzelte herum, malte Buchstaben und Gesichter, schrieb zwischendurch etwas von der Tafel ab. Möglichst schwieg er. Denn wenn er etwas sagen sollte, stöhnte die halbe Klasse auf, bevor er überhaupt den Mund aufgemacht hatte. Oder alle murrten. „Oh nee. Nicht der." Das war sein Hauptname: Der. Dorita hatte damit angefangen und die anderen angesteckt, scheinbar nervte er fast alle. [...]

Im Sportunterricht, der wegen Lehrermangels leider mit den Mädchen zusammen stattfand, machten sie Übungen am Stufenbarren. Von der oberen Stange über die untere auf die Matte hinunterschwingen. Immer zwei sollten Hilfestellung leisten. Als Philip an der Reihe war, kreischte Vicky: „Den fasse ich nicht an. Der hat Pickel."

„Ist ja ekelhaft", rief Dorita.

Der Lehrer bat zwei andere Mädchen, die schüttelten die Köpfe und drehten sich weg. Dann rief der Lehrer streng zwei

Jungen auf, die weigerten sich auch. Niemand mehr wollte Philip anfassen. Der Lehrer befahl Kai, die Hilfestellung zu übernehmen. Kai wurde rot, wandte sich ab, bemerkte die feixenden Gesichter der anderen, dann blickte er kurz zu
5 Philip hinüber und rührte sich nicht vom Fleck. Es war sehr still in der Sporthalle. Fast unmerklich bewegte Kai den Kopf zu einem Nein. Philip sah ihn an, Kai schaute zur Seite.

Da trat Philip aus der Reihe, die anderen wichen ihm aus und er verließ die Sporthalle. Im Gang stand er herum,
10 bis irgendwann der Lehrer kam und den Umkleideraum aufschloss. Philip zog sich nicht um, er nahm nur seine Sachen und ging nach Hause. Niemand hielt ihn auf. [...]

Pausenklingel. Alle packten ihre Hefter, Stifte und Bücher in die Rucksäcke, luden sie sich auf den Rücken und
15 gingen ein wenig gebeugt hinaus. Als hätte Niks dies zum ersten Mal gesehen, fragte er: „Was macht ihr denn? Lasst die schweren Taschen doch stehen, wir haben gleich wieder hier."

Niemand achtete auf ihn. Auf dem Hof standen die
20 Rucksäcke zwischen den Beinen auf dem Boden, niemand ließ seinen Rucksack aus den Augen.

Aster wusste nichts davon. Sie ließ ihre Tasche im Klassenraum.

Als sie wiederkam, lag ihre Federmappe geöffnet auf
25 dem Tisch, Vicky und Dorita zeigten ein Foto herum. „Guck mal, die Neue mit Mama und Papa. Und alle gleich kackbraun." Ein Pulk von Mädchen und Jungen stand um die beiden und schaute auf das Bild. Aster erfasste sofort die Situation, Philip sah nur ihre Augen funkeln, bevor sie auf
30 Vicky zusprang und nach dem Foto griff. Aber Vicky hielt es fest und so zerriss es in zwei Teile. Vicky stockte, dann warf sie Aster die andere Hälfte ins Gesicht. Vicky war fast doppelt so breit wie Aster.

Erst dachte Philip, Aster würde in Tränen ausbrechen. So traurig starrte sie auf die beiden Fetzen ihres Familienfotos. Sie tat ihm leid. Nun war sie an der Reihe. Er saß hinten in seiner Ecke am Fenster und rührte sich nicht. Am liebsten wäre er abgehauen.

Innerhalb von Sekunden hatte Aster das zerrissene Foto auf den Boden geschleudert und sich mit einem Schrei auf Vicky gestürzt. Vicky war so überrascht, dass sie hinfiel. Aster saß auf ihr und schlug wie rasend auf sie ein. Vicky schrie. Kerin, Tim, Dorita und andere versuchten, Aster festzuhalten und von Vicky loszubekommen. Aber Aster schlug um sich, ein Tisch fiel um. Es dauerte eine Weile, bis sie Aster festhalten konnten. Tim hatte Nasenbluten und Vicky ein blaues Auge. Zuletzt krallte Aster sich nur noch in Doritas Haare. Dann kam schon Herr Niks angerannt, den jemand aus dem Lehrerzimmer geholt hatte, und nahm Aster mit.

Später verteilte Herr Niks Tadel und hielt eine Standpauke über Respekt. Keiner hörte hin, aber nicht einmal Dorita redete dazwischen.

Aster kam erst am nächsten Tag wieder.

ARBEITSANREGUNGEN

- Wie beurteilst du das Verhalten von Philips Mitschülern in der Sportstunde?
- In welcher Zwickmühle steckt Kai? Kannst du seine Reaktion verstehen?
- Wie verhält sich Philip, als Aster „an der Reihe ist"?
- Wie beurteilst du die Verhaltensweisen der Lehrer?
- Vergleiche das Verhalten von Kea und Aster.

Brigitte Blobel
Entschuldigungsbrief

Sehr geehrte Frau Hilpert, sehr geehrter Herr Hilpert,
ich möchte Sie um Verzeihung bitten für das, was ich
getan habe. Ich weiß, dass es schwer ist, so etwas Schreckliches zu entschuldigen – ich selbst kann mir nicht verzeihen. Ich frage mich unentwegt, wie es dazu kommen konnte, dass ich solch ein Monster geworden bin, ein Mädchen, vor dem in der Schule viele Angst hatten, ein Mädchen, das Unschuldigen Schmerz zufügt.

Manchmal wünsche ich mir, ich hätte das alles nur geträumt und würde gleich aus diesem furchbaren Traum aufwachen. Aber es war ja mein wirkliches Leben. Ich hatte kein anderes.

Ich weiß, wie schwer es für Sie sein muss, diesen Brief zu lesen und zu akzeptieren, dass er geschrieben wurde von einem Mädchen, das Ihrer Tochter so Schlimmes zugefügt hat. Vielleicht schaffen Sie es gar nicht, ihn anzusehen.

Wenn ich früher Briefe bekommen habe, die ich nicht ertragen konnte, habe ich sie zerknüllt und weggeworfen.

Aber Sie tun das vielleicht nicht, das ist meine Hoffnung. Und dass Sie mehr Geduld haben und die Menschen besser kennen.

Ich weiß, dass ich vielleicht nicht wirklich erwarten kann, dass Sie mir verzeihen, aber dennoch möchte ich versuchen, mich bei Ihnen zu entschuldigen. Und Ihnen sagen, wie gerne ich das alles ungeschehen machen würde. Wie viel ich dafür geben würde, dass das alles nicht passiert wäre.

Ich habe erfahren, dass Ihre Tochter Sofia noch immer im Krankenhaus liegt, dass sie sehr gefährliche und komplizierte Operationen hinter sich hat.

Ich denke Tag und Nacht an Ihre Tochter und an das, was sie ertragen muss, und es erscheint mir so ungerecht, dass mir nichts wehtut, dass ich herumlaufen kann ...

Ich möchte für das, was ich getan habe, bestraft werden. Deshalb habe ich mich selbst angezeigt.

In mir war lange eine so große Wut, so ein großer Zorn auf alles, mit dem ich lebte, und ich konnte damit nicht umgehen.

Ich fühlte mich selbst unglücklich in meiner Haut und ich habe um mich geschlagen und dabei Unschuldige getroffen.

So ist mein Leben gewesen und dafür schäme ich mich sehr.

Man hat mich von der Schule verwiesen, das muss ich akzeptieren. Jemand wie ich hat dort keinen Platz mehr. Aber meine Lehrerin, Frau Schümann, hält trotzdem zu mir, dafür bin ich sehr dankbar. Ich weiß, dass das nicht selbstverständlich ist. Und ich werde alles tun, um sie nicht noch einmal zu enttäuschen. Frau Schümann hat immer versucht, mich davon zu überzeugen, dass Gewalt kein Weg ist, um Sorgen und Ängste zu bewältigen, um Konflikte zu lösen. Sondern im Gegenteil. Dass alles dadurch noch schlimmer wird.

Ich weiß, dass es schwer für Sie ist, die Entschuldigung eines Mädchens anzunehmen, das so etwas Furchtbares an Ihrer Tochter getan hat. Aber vielleicht ist es auch ein Trost, wenn Sie jetzt wissen, dass es mir schlecht geht, dass ich an nichts anderes denken kann, dass mir das Vorgefallene sehr wehtut, so sehr, dass ich oft glaube, es nicht mehr aushalten zu können. Es tut mir unendlich leid, und ich werde bestimmt nicht glücklich, bevor es Sofia wieder gut geht.

Meine Lehrerin (bei der ich im Moment wohnen darf) hat für mich einen Platz in einem Mädchenheim gefunden, nicht weit von Essen, für die Dauer des Gerichtsverfahrens.

Sie glaubt, dass dieses Heim gut für mich ist, weil ich dort psychologische Betreuung bekommen werde. Ich hoffe, dass ich nach dem Urteil dorthin wieder zurückkehren kann. Aber das ist noch offen ...

Ich verspreche, dass ich niemandem mehr Anlass geben werde, sich vor mir zu fürchten. Dass ich niemals wieder jemandem etwas tun werde ... Morgens habe ich jetzt Zeitungen ausgetragen. Und danach arbeite ich in einer Wäscherei. Alles Geld, was ich verdiene, ist für Sofia. Ich würde so gern etwas für sie tun.

Hochachtungsvoll,
Mara Döhler

ARBEITSANREGUNGEN

- Aus welchen Gründen schreibt Mara Döhler an die Eltern von Sofia?
- Welches Motiv gibt Mara für ihr gewalttätiges Verhalten an? Vergleiche dazu auch die Reportage „Bist du scheiße, schlachte ich dich" (S. 181–184).
- Welche Folgen hat Maras Tat für Sofia, für Sofias Eltern und für Mara selbst? Lege eine Tabelle an.
- Welcher „Prinzessin" aus dem Roman „Gesucht!" traust du einen solchen Entschuldigungsbrief an Keas Mutter zu? Schreibe ihn für das von dir ausgewählte Mädchen.

Textquellen

Seite 172–174: Der Autor Andreas Schlüter. Aus: www.aschlueter.de (26.11.2009).

Seite 176: S-Bahn-Überfall in München – Tödliche Zivilcourage. Aus: www.stern.de, 14.9.2009 (26.11.2009).

Seite 178–179: Wer nichts tut, macht mit – Verhalten in Gewaltsituationen. Ratgeber der Polizei Hamburg. Quelle: Polizei Hamburg; www.polizei.hamburg.de (26.11.2009).

Seite 181–184: Miriam Schröder: „Bist du scheiße, schlachte ich dich". Aus: www.spiegel.de, 28.4.2006, (26.11.2009).

Seite 186–188: Anja Tuckermann: Weggemobbt. Aus: Anja Tuckermann: Weggemobbt. Würzburg: Arena 2005. S. 22–23 u. 49–50.

Seite 189–191: Brigitte Blobel: Entschuldigungsbrief. Aus: Brigitte Blobel: Roter Zorn. München: cbj 2006. S. 233–235.

Bildquellen

|alamy images, Abingdon/Oxfordshire: Enigma Titel. |Mette, Til, Hamburg: 175. |Picture-Alliance GmbH, Frankfurt/M.: Frank May 172. |www.aktion-tu-was.de, Stuttgart: 180.

Wir arbeiten sehr sorgfältig daran, für alle verwendeten Abbildungen die Rechteinhaberinnen und Rechteinhaber zu ermitteln. Sollte uns dies im Einzelfall nicht vollständig gelungen sein, werden berechtigte Ansprüche selbstverständlich im Rahmen der üblichen Vereinbarungen abgegolten.